Buch

Thich Nhat Hanh, Chân Không, Ayya Khema, Ole Nydahl, Christine Longaker, Ringu Tulku, Jack Kornfield, Claude AnShin Thomas, Richard Baker Roshi, Dalai Lama, Fumon Nakagawa, Fred von Allmen – diese Namen stehen für verschiedene Hauptrichtungen der buddhistischen Lehre wie Theravada- oder Zen-Buddhismus. Die Autorin vermittelt in ihren auf persönlichen Begegnungen und Interviews basierenden Porträts nicht nur einen lebendigen Eindruck der Persönlichkeit und des spirituellen Werdegangs jedes Meisters, sondern sie stellt auch die Essenz der jeweiligen Lehre vor.

Autorin

Erdmute Klein arbeitet als Journalistin für verschiedene Tageszeitungen und Rundfunkanstalten. Sie durchlief ein mehrjähriges buddhistisches Training bei verschiedenen Lehrern.

ERDMUTE KLEIN
BUDDHISTISCHE PERSÖNLICHKEITEN

Thich Nhat Hanh, Chân Không, Ayya Khema,
Ole Nydahl, Christine Longaker, Ringu Tulku,
Jack Kornfield, Claude AnShin Thomas,
Richard Baker Roshi, Dalai Lama,
Fumon Nakagawa, Fred von Allmen

Originalausgabe

Umwelthinweis:
Alle bedruckten Materialien
dieses Taschenbuches sind chlorfrei
und umweltschonend.

Originalausgabe Dezember 1998
© 1998 Wilhelm Goldmann Verlag, München
in der Verlagsgruppe Bertelsmann GmbH
Umschlaggestaltung: Design Team München
Umschlagfoto: Premium/Orion Press
Druck: Presse-Druck Augsburg
Verlagsnummer: 13279
Redaktion: Gerhard Juckoff
WL · Herstellung: Stefan Hansen
Made in Germany
ISBN 3-442-13279-7

1 3 5 7 9 10 8 6 4 2

Inhalt

Einleitung 9

1. Thich Nhat Hanh und Chân Không 13
2. Ayya Khema 35
3. Lama Ole Nydahl 53
4. Christine Longaker 65
5. Ringu Tulku Rinpoche 81
6. Jack Kornfield 99
7. Claude AnShin Thomas 111
8. Richard Baker Roshi 127
9. Seine Heiligkeit der 14. Dalai Lama 143
10. Fumon Nakagawa Roshi 155
11. Fred von Allmen 165

Anhang 181
Glossar buddhistischer Begriffe 181
Adressen 185
Auswahlbibliographie 188
Bildnachweis 191

Für Boudewijn

Ebenso wie die großen Meere nur einen einzigen
Geschmack haben, den Geschmack des Salzes,
so haben auch alle wahren Wege nur einen
Geschmack, den Geschmack der Freiheit.

Buddha Shakyamuni (500 v. Chr.)

Einleitung

Wie viele Menschen, die zwar in der abendländisch-christlichen Tradition aufgewachsen sind, sich darin aber nicht verwurzelt fühlen, war ich lange Zeit vollkommen sicher, in meinem Leben ohne Glauben oder einengende Dogmen auskommen zu können. Ich bin ausgesprochen freiheitsorientiert, und das Leben bot meiner Meinung nach spannendere Dinge: wie Reisen, Freundschaften, Jobs, die Erweiterung meines persönlichen Horizonts, Freude am Konsum, an schönen Dingen. Das alles ist geblieben. Hinzugekommen ist seit 1993 die Freude an einem spirituellen Weg, der meine Lebensqualität noch vertieft und verbessert hat, ohne daß ich alles Bisherige aufgeben oder verleugnen müßte.

Der Buddhismus ist, das will ich an dieser Stelle betonen, keine Ideologie, keine Religion oder Doktrin. Er lebt im einzelnen Menschen oder nicht, wie Thich Nhat Hanh sagt, er appelliert an den *Common sense*, wie Ayya Khema ausführt, er läßt das Individuum frei und zeigt ihm gleichzeitig seine Verbundenheit mit dem Kosmos. Er nimmt dem Menschen die Angst vor dem Tod und weist Wege für ein erfüllteres Leben. Er ist sehr praktisch und sehr klar.

Was hat sich verändert für mich, seit ich Buddhismus praktiziere und auf diesem Weg viele verschiedene Lehrer kennengelernt habe? Ich habe gelernt, zurückzukehren zum lebendigen Augenblick über bewußtes Atmen. Ich weiß, daß das, was ich in die Welt hineingebe, weiterwirkt und mich einholt wie ein Bumerang, früher oder später. Ich habe angefangen, Verantwortung zu fühlen, für mich wie für andere, lerne, liebevoller, einfühlsamer zu sein, trotz meiner anspruchsvollen Ungeduld. Ich habe eine Gruppe von Menschen gefunden, mit denen ich meditiere, die die bejahende Freude ausstrahlen, die sich für mich mit Buddhismus verbindet.

»Der Raum ist Liebe«, sagt Ole Nydahl, »was die Atome zusammenhält, ist Liebe, was sie schwingen läßt, ist Freude.« In der gesamten Praxis des Geistestrainings gehe es darum, viele der schwierigsten und schmerzhaftesten Ereignisse unseres Lebens mit mehr Vertrauen und Gelassenheit zu bewältigen, schreibt der Tibeter Ringu Tulku Rinpoche in seinem *Lojong*.*

Ich habe gelernt, den Menschen nicht mehr einseitig als des Menschen Wolf zu betrachten. Er hat bei aller Schwäche auch das in sich, was Schwester Chân Không als »Schönheit, Größe und Tiefe« beschreibt, Eigenschaften, die allen von uns innewohnen, auch wenn sie gelegentlich ein wenig verschüttet scheinen. Ich habe gelernt, mein Ich nicht länger als isolierte Einheit zu sehen, die sich allein durch Besitz gleich welcher Art aufrechterhält. Durch Christine Longaker habe ich gelernt, mich dem Leiden der Menschen und meinem eigenen mehr zu öffnen und nach Wegen zu suchen, es zu mildern. Ich erfahre Heiterkeit und Freiheit dadurch, daß ich meine Vorstellungen von der Welt nicht mehr so wichtig nehme und denke, sie seien real. Ich weiß, daß meine Sicht der Dinge eine sehr begrenzte ist, bedingt durch die Projektionen meines Geistes. Von ihrer traumgleichen Realität habe ich in Gesprächen mit Ole Nydahl erfahren.

Während ich an diesem Buch schrieb, lernte ich die Angst anzuschauen, die mich seit Jahren umgibt und deren Ursprung ich nicht kenne: die Angst vor menschlicher Mißachtung, körperlichem Leiden, sozialer Benachteiligung, Freiheitsverlust, Krankheit und Tod. Ich weiß, daß ich diese Angst mit meinem eigenen Geist, meinen eigenen Projektionen ge-

---

* Erklärung buddhistischer Begriffe im *Glossar* im Anhang des Buches.

schaffen habe und daß sie mich hindert, gut zu leben. Ich möchte lernen, sie loszulassen. Es gibt nichts, was in diesem Leben erkämpft werden müßte. Von Ayya Khema höre ich, daß das, was ich mache, weniger wichtig ist als meine innere Einstellung dazu. Mehr Liebe und Hingabe zu entwickeln, meint sie, dazu seien wir da.

Gewaltlosigkeit und Liebe beginnen in uns selbst, sagt der Dalai Lama. Indem wir uns selbst zum Guten bringen. Immer wieder neu. Erst dann gelingt es uns, Frieden auch »nach außen« zu tragen, wobei »innen« und »außen« im Buddhismus zusammenfallen; es ist alles eins. Dies zu erkennen hilft uns das »stille Sitzen«, die Meditation, das Hineinspüren in das, was ist, das Loslassen der Gedanken, die wie Projektionen einer gewaltigen Bildermaschine in unseren Köpfen kreisen. Die strahlende, freudvolle Ruhe, die wir in der Meditation empfinden können, macht uns frei und gleichzeitig sensibel für frische Möglichkeiten, das Leben zu berühren.

Ich weiß, daß ich nach meinem Tod wiedergeboren werde als Teil des Universums, und ich frage mich nicht, was ich dann sein werde. Ich versuche, positive Eigenschaften in mir zu kultivieren und andere anzuleiten, dasselbe zu tun. Ich fühle mich frei, denn es gibt, wie Fred von Allmen ausführt, kein stabiles »Ich«, das zerstört werden könnte. Das Leben konstituiert sich neu in jeder Sekunde.

Ich traf elf international bekannte und anerkannte Repräsentanten der buddhistischen Lehre, die ich in ihrer persönlichen Entwicklung in diesem Buch vorstellen möchte. Die Lehrer sind so gewählt worden, daß der Leser unterschiedliche Aspekte und Schwerpunkte aus den Hauptrichtungen des Buddhismus vermittelt bekommt; es werden Vertreter des Theravada-Buddhismus, Zen-Buddhismus, der Mahayana-Tradition sowie ein einflußreicher Schüler von Karmapa vorgestellt. Als Erzählperspektive habe ich fast durchgängig die Ich-Form gewählt, da sie mir stilistisch am geeignetsten schien, Nähe und Intensität zu vermitteln. Lediglich die

Beiträge über Thich Nhat Hanh, Chân Không sowie Ayya Khema sind mehr dialogisch aufgebaut. Den Dalai Lama konnte ich leider nicht persönlich befragen. Sein Porträt entstand auf der Basis seiner Autobiographie sowie eines mündlichen Vortrags, der in die Grundlagen des Buddhismus einführt.

Ich bin meinen Gesprächspartnern zutiefst dankbar dafür, daß sie zum Teil sehr persönliche Einsichten und Erlebnisse mit mir geteilt haben. Ich möchte ihnen allen danken und hoffe, daß dieses Buch ein Gewinn für alle sein wird, die es lesen. Ich habe mich bemüht, den authentischen Ton der Gespräche zu erhalten. Eventuelle »Fehler« oder Mißverständnisse gehen zu meinen Lasten.

Berlin, im August 1998 *Erdmute Klein*

1
Thich Nhat Hanh und Chân Không

Thich Nhat Hanh, *1926 in Vietnam geboren, wurde im Alter von 16 Jahren Mönch der zen-buddhistischen Rinzai-Schule. Er genießt als Meditationslehrer, Dichter und führender Vertreter eines engagierten Buddhismus weltweit hohes Ansehen. Nach seinem Studium der Religionswissenschaften in den USA in den sechziger Jahren kehrte er in seine Heimat Vietnam zurück und beteiligte sich an der Organisation einer großen gewaltlosen Widerstandsbewegung zur Beendigung des Krieges. Nach Vortragsreisen durch die westliche Welt und aufgrund seiner Mitwirkung an den Friedensverträgen wurde Thich Nhat Hanh 1973 die Einreise in sein Land verboten. Heute lebt er im Exil in Frankreich, 85 km östlich von Bordeaux, in dem von ihm und der Nonne Chân Không gegründeten spirituellen Zentrum »Plum Village« (Pflaumendorf). Hier leben auf der Basis buddhistischer Achtsamkeitsmeditation Erwachsene, Jugendliche und Kinder aus aller Welt auch nach den Ideen Gandhis und E. F. Schumachers (»Small is beautiful«), um in Verbindung mit den westlichen Werten von Demokratie, Offenheit und persönlicher Verantwortung neue Lebensformen zu erproben und in die moderne Gesellschaft hineinzutragen. Mehrmals im Jahr finden Retreats statt, zu denen Teilnehmer aus vielen Ländern anreisen, um am Leben der Gemeinschaft teilzunehmen, zu meditieren und Dharma-Vorträge zu hören.*

Im Februar 1989 gründete der Träger des Alternativen Nobelpreises Sulak Sivaraksa das »Internationale Netzwerk engagierter Buddhisten«. Seine Heiligkeit der 14. Dalai Lama und Thich Nhat Hanh übernahmen die spirituelle Patenschaft für die Organisation, die Projekte zur Lösung globaler Probleme auch in Zusammenarbeit mit anderen religiösen Traditionen und sozialen Bewegungen koordiniert.

Porträt

Etwa eine Fahrstunde von Bordeaux entfernt, eingebettet in die fruchtbare Landschaft der Dordogne, umgeben von winzigen Dörfern, deren Bewohner in erster Linie vom Weinanbau leben, liegt das Kloster des weltbekannten vietnamesischen Mönchs Thich Nhat Hanh. 1982 zog er, dem aus politischen Gründen die Heimkehr nach Vietnam verwehrt ist, zusammen mit seiner Weggefährtin, der Nonne Chân Không, in eines der 200 Jahre alten Steinhäuser. Binnen zehn Jahren wurde »Plum Village« – diesen Namen verdankt der Ort 1250 Pflaumenbäumen, die die Klostergemeinschaft anbaute, um hungernden Kindern in Vietnam zu helfen – zu einem prosperierenden zen-buddhistischen Zentrum. Jährlich kommen allein zum Sommerretreat über tausend Menschen aus aller Welt, um gemeinsam zu meditieren und Dharma-Gespräche zu führen. Ich komme Anfang Januar, da zu dieser Zeit nur ein dreimonatiges Ausbildungsretreat für Mönche und Nonnen stattfindet und man in Plum Village »unter sich« ist, wenn man in einer Gemeinschaft von über hundert Menschen überhaupt davon sprechen kann, denn das Leben in der Sangha erfordert Disziplin und das Akzeptieren gewisser Regeln, auch für Besucher.

Gleich zu Beginn wird der Neuankömmling mit dem vertraut gemacht, was ich »die Entdeckung der Langsamkeit« nennen will. Wir sind uns jeden Schrittes und jeder Bewegung bewußt, jedes Bissens, den wir herunterschlucken. Gelegentlich erinnert das Schlagen einer Glocke uns daran, alle Gedanken, die uns in diesem Augenblick beschäftigen, loszulassen, zurückzukehren zur Gegenwart, zum Sein. Dann erstarrt das geschäftige Treiben im Raum; die Menschen wirken wie Marionetten, sie verharren für wenige Sekunden, blicken nach innen und erspüren das, was uns in aller Geschäftigkeit fast abhanden gekommen ist: den gegenwärtigen Moment.

Dieses Verharren ist wichtig für das Erlernen von »Achtsamkeit«, die Basis für jene wunderbare Intensität, die es uns erst ermöglicht, das Leben in seinen vielen Interaktionen voll wahrzunehmen und unseren Platz darin einzunehmen. Die Menschen lernen in Plum Village, innere Knoten zu lösen und zu transformieren und, wie Schwester Chân Không sagt, »standhaft wie ein Berg und frisch wie eine Blume« zu werden.

Ich gewinne gleich während des ersten Abendessens ein völlig neues Verhältnis zu dem, was ich zu mir nehme, lerne durch die erzwungene Langsamkeit das, was ich esse, wirklich wahrzunehmen und zu schätzen, mich damit zu verbinden. Trotz des Schweigens während der Mahlzeiten existiert eine Atmosphäre liebevoller Verbundenheit am Tisch. Ohne es zu wissen, habe ich hier, gleichsam spielerisch, eine erste Lektion in dem erhalten, was Thich Nhat Hanh »*Interbeing*« nennt, das Bewußtsein, daß alles Leben miteinander verbunden ist, »leer« in dem Sinne, daß es keine eigene Identität gibt, keine Egos, die abgetrennt voneinander existieren. Es ist schön, diese neue Verbundenheit mit meiner Umgebung zu fühlen, und es ist, als wäre ich nach Jahren der Suche endlich angekommen – ohne etwas Besonderes zu leisten, ohne auf der Karriereleiter ein Stück nach oben zu klimmen, ohne etwas in mir zu unterdrücken, einfach durch mein Hiersein. Ein riesiges Geschenk.

Am dritten Tag habe ich die Ehre, Thich Nhat Hanh und Schwester Chân Không persönlich zu sprechen. Wir sitzen einander auf den obligatorischen Meditationskissen gegenüber, der 75jährige hält die zarte Hand fröstelnd in die Nähe des großen Kamins, in dem knackende Holzscheite Wärme spenden. Er wirkt streng, aber seine Stimme ist so zart wie die Hand, die er immer wieder der Wärme des Feuers entgegenhält. Bevor Thich Nhat Hanh spricht, schweigt er, scheint in sich hineinzulauschen, nach dem treffenden Satz, dem richtigen Bild zu suchen. Ich weiß, daß er Dichter ist, Poet, der jedes seiner Worte auf die Waagschale legt. Trotzdem lacht er während unseres Gesprächs, zeigt Gefühle, ich spüre seinen großen Ernst, die Leidenschaft und Intensität, mit der er präsent ist. Ein paar Tage später werde ich denselben Ernst, dieselbe Hingegebenheit an das, was er tut, bemerken, wenn er die Gehmeditation anleitet und über hundert Menschen ihm in einer langen Reihe folgen. Jetzt, da ich vor ihm sitze, stelle ich drei Fragen, die mich interessieren. Ich möchte von Thich Nhat Hanh wissen, was der Buddhismus zu unserem Leben in der modernen Welt beitragen kann und was seine Definition eines Bodhisattvas ist, ich frage ihn nach seinem persönlichen Weg innerhalb der buddhistischen Bewegung in Vietnam und ich befrage ihn zu dem Begriff »*Interbeing*«, der eng mit dem schwierigen Begriff der »Leerheit« aller Dinge verknüpft ist. Thich Nhat Hanh antwortet:

»Buddhismus als pure Doktrin taugt nicht viel. Auf die lebendige Praxis, die Umsetzung kommt es an. Ich sehe viele Bodhisattvas, nicht alle sind Buddhisten. Ein Bodhisattva ist jemand, der in sich gefestigt ist, offen, fähig zu verstehen, ein Mensch, der Freiheit und Freude ausstrahlt; wir brauchen solche Menschen. Diejenigen, die über das Bodhisattva-Ideal vor allen Dingen sprechen, tragen es nicht in sich; von ihnen können wir nicht viel lernen.

Wir alle haben die Samen von Freude, Glück und Großzügigkeit in uns, aber es müssen auch entsprechende äußere Umstände hinzukommen, die eine positive Saat keimen, sie wachsen lassen: Das kann eine friedvolle Umgebung sein, ein anderes Mal ist es der Krieg, das kann eine bestimmte Form von Unterstützung sein, ein anderes Mal sind es Schwierigkeiten, die auftauchen. Alle Umstände zusammengenommen lassen einen Samen wachsen, und selbst wenn man bestimmte Entwicklungen willentlich zu unterdrücken sucht, kann es geschehen, daß sie dadurch nur um so stärker werden. Ich betone immer die Wichtigkeit der Sangha, die Gemeinschaft der Praktizierenden, ohne sie ist es nicht möglich, in guter Weise zu wachsen.

Ich denke, wenn du Liebe hast, dann liebst du alle und alles. Das Wichtige ist vielleicht, daß wir lernen, auf richtige Art und Weise zu lieben. Wenn wir es nicht wissen, leiden wir und fügen anderen Menschen Leid zu. So ist nicht die Form oder das Objekt wichtig, auf das sich die Liebe richtet, sondern allein der Weg. Den müssen wir lernen. Meistens lernen wir durch das Leiden, das wir erfahren, und durch unsere Freunde und durch das, was geschieht. Wenn wir nicht achtsam sind, wird es uns nicht gelingen, zu lernen.

Als ich jung war, war der Buddhismus nicht besonders jung, er war alt und mußte erneuert, verjüngt werden, wie ja auch das Christentum hierzulande ziemlich alt ist. So brauchen wir Christen, die das Christentum erneuern, es jünger machen. Ich war damals in Vietnam einer der vielen, die versuchten, den Buddhismus jünger zu machen. Aus der Geschichte wissen wir, daß der Buddhismus viele Male dazu beigetragen hat, die Probleme des Landes, der Menschen zu lösen, daß er dazu beitrug, mehr Toleranz zu schaffen, Trennungen zu heilen; wir wußten, wie hilfreich der Buddhismus sein konnte, wenn es uns gelang, ihn zu erneuern. Damals gab es einen starken Glauben, eine große Sehnsucht in vielen Menschen, den Buddhismus neu zu beleben, ihn wieder jung zu machen. Das war nicht einfach, denn es gab andere, die meinten, der Buddhismus sei in Ordnung, so wie er sei, er könne nicht jünger werden. Diese Vorbehalte gegenüber Erneuerungsbewegungen gibt es auch im Christentum und in anderen Religionen.

Ich persönlich habe sehr eng mit der jungen Generation zusammengearbeitet; sie hatte noch nicht so viele Vorurteile. Mit jungen Leuten zu arbeiten ist etwas sehr Schönes. Wenn sie dich verstehen und sich für eine Sache begeistern, wirst du für deinen Einsatz belohnt. Wir verwendeten damals Begriffe wie ›den Buddhismus aktualisieren‹, sprachen von ›engagiertem Buddhismus‹. Um zu diesem Prozeß einer Wiedergeburt des Buddhismus beizutragen, mußte man mutig sein, man mußte viele Dinge verändern, zum Beispiel die klassischen Ausdrucksformen vermeiden und neue Worte, neue Konzeptionen erfinden. Sonst hätten sich die Menschen abgestoßen gefühlt, hätten sich abgewandt. Ich denke, ähnliches gilt für das Christentum. Wir müssen eine neue Sprache erfinden und durch sie eine neue Botschaft vermitteln. Wenn es auf diese Weise gelingt, mehr Harmonie, mehr Mitgefühl, mehr Freiheit hervorzubringen, ist das Buddhismus. Nehmen wir zum Beispiel das Wort ›Weisheit‹, *Prajña*. Für junge Leute heutzutage hat es kaum mehr eine Bedeutung. Aber wenn du ihnen sagst, ihr braucht Verstehen, wenn ihr nicht versteht, könnt ihr nicht lieben, fällt den Menschen die Einsicht leicht.

Doch bevor wir nicht die Essenz der Praxis und der Lehren des Buddha begriffen haben, werden wir diese Sprache nicht haben, diese Sprache, die fähig zur Kommunikation ist.

Wenn du dich vor dem Buddha verbeugst, ist das eine Übung in Leerheit. Du siehst, der Buddha und du, ihr seid kein getrenntes Selbst. Der Buddha besteht aus Nicht-Buddha-Elementen, und du bist aus Nicht-du-Elementen zusammengesetzt. Wenn du deine Identität als du behältst und den Buddha als gänzlich andere Einheit siehst, wird dich deine Verbeugung nirgendwo hinführen. So solltest du praktizieren, tief zu schauen, bevor du dich verbeugst, meditieren, so daß du und der Buddha leer werdet. Das bedeutet: Der Buddha ist nicht Buddha ohne dich, und du kannst nicht du sein ohne den Buddha. Es ist wie mit dem Sonnenlicht und dem Leben. Du kannst das Sonnenlicht nicht aus dem Leben herausnehmen, und du kannst dein Du nicht aus dem Buddha herausnehmen. Das bedeutet ›Leerheit‹, die Leerheit des Selbst als einer getrennten Existenz. Und wenn du dich in dieser Weise vor dem Buddha verbeugst, wird Kommunikation stattfinden. Und wenn du mit einem Partner lebst und deine wahre Natur der Leerheit kennst, weißt du, daß dein Glück, dein Leid mit ihm zu tun haben. Du kannst Glück nicht nur für dich allein erhoffen. Das ist Leerheit. Leerheit meint, nichts kann aus sich selbst heraus existieren, es muß sich im ›Intersein‹ mit anderen erfahren.

Während eines Retreats in Washington, D.C., wo ich über die Praxis der Liebe lehrte, standen einmal sechs katholische Nonnen auf und sagten: ›Thay, alles, was du uns während der vergangenen sieben Tage gelehrt hast, war wundervoll, du hast über so vieles gesprochen, aber du hast kein einziges Mal Gott genannt.‹ Ich antwortete nicht sofort, suchte nicht nach einer Antwort, weil ich dachte, die Stille könne den Leuten helfen. Dann endlich sagte ich: ›Bitte, erinnert euch. Ist da irgend etwas, über das ich während der letzten sieben Tage sprach, das nicht von Gott handelt?‹ Und plötzlich stimmten mir alle zu.«

Soweit mein Gespräch mit Thich Nhat Hanh.

Chân Không

Chân Không, *1938 in einem Dorf am Delta des Mekong-Flusses in Vietnam geboren, ist seit mehr als 35 Jahren enge Mitarbeiterin Thich Nhat Hanhs. Sie folgte ihm 1968 ins französische Exil, hält als »graue Eminenz« alle Fäden in Plum Village in der Hand, begleitet den Meister auf allen Reisen, hält ungebetene Bewunderer von ihm fern und assistiert ihm bei Retreats. Von der Natur mit einem starken Willen und einer analytischen Intelligenz ausgestattet, prägt die promovierte Biologin das Leben in Plum Village auf entscheidende Weise, sie ist Initiatorin zahlloser humanitärer Projekte in Vietnam, wo sie als »Staatsfeindin« gilt.*

Porträt

Im Gespräch mit Chân Không erfahre ich, wie lebendig eine buddhistische Grundhaltung sich im praktischen Leben manifestieren und ausprägen kann. Sie erzählt:

»Wir Vietnamesen fühlen uns eng verbunden mit unseren Eltern, unseren Vorfahren, wir fühlen uns als deren Kontinuum. Ich denke, das hängt damit zusammen, daß der Buddhismus in Vietnam bereits im 13. Jahrhundert Fuß gefaßt hat und die Lehre des Buddha uns gelehrt hat, uns alle als zusammengehörig zu betrachten, auch unsere gesamte Umgebung, die Natur, mit einzuschließen.

Ich bin in Ben Tre in einem Kreis von über 20 Geschwistern aufgewachsen, neun Kinder waren die leiblichen Kinder meiner Eltern, die anderen waren Cousins, Cousinen, deren Eltern auf dem Land lebten, wo es keine Schulen gab. So kamen sie zu uns. Mein Vater war Architekt. Wir wuchsen in dem Bewußtsein einer gegenseitigen Verantwortung füreinander auf. Alles Essen wurde gerecht in 22 Portionen aufgeteilt.

Als Kind fühlte ich mich oft einsam, hatte Probleme mit Autoritäten. Ich denke, es hing mit dem konfuzianistischen Weltbild zusammen – die Chinesen hatten Vietnam kolonialisiert, und der Konfuzianismus hatte sich neben dem Buddhismus ausgebreitet. Er forderte Respekt vor der Autorität des Königs, des Vaters und des ältesten Sohnes, überall dominierten Männer; Frauen spielten keine Rolle in dieser Gesellschaft. Es war auch klar, daß lediglich die Jungen in unserer Familie eine gute Ausbildung erhielten, da das Geld nicht für alle reichte. Ich war das zweitjüngste Kind und sehr gut in der Schule. So erhielt ich ein Stipendium und konnte wider Erwarten doch weiter zur Schule gehen. Ich wohnte damals in Saigon bei meiner ältesten Schwester, die dort verheiratet war.

Seit meiner frühesten Jugend glaube ich, daß in jedem Menschen Schönheit, Größe und Tiefe existieren und daß wir danach streben sollen. Wäre ich im Westen geboren, hätte ich dieses Phänomen vielleicht ›Gott‹ genannt, aber da ich in Vietnam geboren wurde, wo die Menschen Buddhisten waren, nannte ich es ›Buddha‹. Wenn meine älteste Schwester mit mir stritt und nach der konfuzianistischen Tradition im Recht war, ungeachtet des Sachverhalts, nur weil sie die Ältere war, lehnte ich mich leidenschaftlich auf und sagte: ›Das glaube ich nicht. Ich fühle, daß in mir etwas ist, das richtig und gut ist, und daß du mir übergeordnet bist, stört mich nicht, denn ich fühle mich im Recht.‹ Für diesen Eigensinn wurde ich hart geschlagen und bestraft, aber ich konnte mich auch dann nicht unterordnen.

Im Alter von 15 Jahren begann ich, anderen Kindern Mathematiknachhilfeunterricht zu geben; von dem auf diese Weise verdienten Geld lud ich ärmere Kinder regelmäßig ins Restaurant ein, ließ sie sich satt essen. Das gab mir ein Gefühl starker Verbundenheit. Ich begann, in die Slums zu gehen, dort Reis zu verteilen. Ich ermunterte die Eltern, sich in der Beaufsichtigung ihrer Kinder zusammenzutun, damit immer ein Teil der Eltern arbeiten gehen konnte, ich lieh ihnen Geld für Geschäftsgründungen. Ich begann mein Werk der Hingabe mit einfachsten Mitteln. Als ich mit 18 Jahren Nonne werden wollte, sagte man mir: ›Du hast ein schweres Karma, mußt viel praktizieren, damit du im nächsten Leben als Mann wiedergeboren wirst.‹ Ich antwortete: ›Dann brauche ich nicht Nonne zu werden, denn ich will kein Mann sein; ich will das sein dürfen, was ich bin.‹

In meinem 21. Lebensjahr traf ich Thich Nhat Hanh, und bereits nach dem ersten Dharma-Gespräch wußte ich: Er ist der Lehrer, nach dem ich mich immer gesehnt habe. Ich stellte ihm viele Fragen, und er antwortete auf jede einzelne in einer Weise, die mich zufriedenstellte. Zu diesem Zeitpunkt hatte er das Sutra über Achtsamkeit und Atmen noch nicht entdeckt; er hatte die Einsicht, aber noch nicht die Mittel entwickelt. In seinen Studien über Bodhisattvas und hohe Mönche hatte er herausgefunden, daß diejenigen erleuchtet werden, die sich ihrer Arbeit mit ganzem Herzen hingeben. Man müsse nicht erst jemand anderes werden, sondern sein Leben auf die eigene Tiefe hin ausrichten, dann spiele es auch keine Rolle, ob man Jude oder Christ sei, denn man berühre die letztendliche Wahrheit, wo Körper und Geist eins sind. Wäre ich nicht Buddhistin gewesen, hätte ich mich vermutlich zur Sozialistin entwickelt, denn mir lag daran, das starke soziale Gefälle in meiner Heimat Vietnam zu verringern; ich wollte, daß auch die Armen Land bekämen, die Gesetze sozialer würden. Daran wäre vermutlich nichts Falsches gewesen, aber ich hätte nicht die letztendliche Wahrheit für mich entdeckt.

Ich war Mitorganisatorin der 1965 gegründeten Schule für Soziale Dienste (SYSS) in Vietnam. Wir waren 300 engagierte junge Buddhisten, meist Intellektuelle, und kümmerten uns um die medizinische Versorgung der verarmten Landbevölkerung, bauten Musterdörfer gemeinsam mit den Einheimischen auf, unterrichteten die Kinder. 1968 lieferte sich die Guerilla heftige Kämpfe mit den Regierungstruppen in Saigon. Damals starben 40 000 Menschen innerhalb von drei Tagen auf den Straßen von Saigon, darunter Freunde und Mitarbeiter aus der SYSS. Man brauchte Freiwillige, um die vielen Leichen zu bestatten. In diesen Tagen wurde mir die Vergänglichkeit jeglichen Lebens ungeheuer deutlich, der Kontrast zwischen Leben und Tod. Der Leichengeruch verfolgte mich noch Wochen danach; ich konnte lange Zeit nichts als Reis zu mir nehmen, und ich fragte mich: Wozu dienen alle diese Auseinandersetzungen und Kämpfe, dieses Hinterherjagen hinter Ideen, wenn am Ende das auf grausame Weise zerstörte Leben steht?

Auf dem Höhepunkt meiner Arbeit für Vietnam während des Krieges halfen mir 14 000 Familien mit monatlich sechs US-Dollar, die ich an die hungernden Kinder weitergeben konnte. Die schwedische Regierung, der ich Vorschläge für zahlreiche Entwicklungshilfeprojekte unterbreitete, half mit

300 000 US-Dollar. Als dann der Krieg endete und die Kommunisten an die Macht kamen, erlaubten sie mir keinerlei humanitäres Engagement mehr. Ich war verzweifelt. Zu jener Zeit entdeckte Thay das Sutra über das Atmen. Er sagte: ›Laß uns zurückkehren zu unserem Atem.‹ Während ich im Garten arbeitete, Möhren anpflanzte, Bücher band, spazierenging, lernte ich, mich ganz auf den gegenwärtigen Augenblick zu konzentrieren. Wenn meine Aufmerksamkeit abschweifen wollte, forderte ich sie auf, zum gegenwärtigen Moment zurückzukehren. Dadurch gewann ich meinen inneren Frieden zurück.

Thich Nhat Hanh bat mich dann, gemeinsam mit ihm Retreats zu leiten und öffentlich zu den Menschen zu sprechen. Er konnte die Menge derer, die nach seinen Vorträgen um seinen persönlichen Rat baten, immer weniger alleine bewältigen. Ich hörte erst nur zu und sprach dann mit Thich Nhat Hanh über die Probleme der Menschen. Er teilte seine Einsichten mit mir. Vieles von dem Gehörten schockierte mich, war mir neu, da ich aus einer intakten Familie stammte. Ich litt mit den Menschen, sah, wie sie hungerten – nicht nach Geld, nicht nach Essen, sie hungerten nach Verständnis. Ich sah viele Tragödien, die aus Dummheit geboren wurden, und lernte Einsichten zu vermitteln, zu helfen, ähnlich wie ein Psychotherapeut. Ich machte Gehmeditation mit ihnen, hielt ihre Hände, es waren Selbstmordkandidaten darunter. Jetzt ist es so, daß ich mehr Leute als Thay betreue, weil ich jünger und kräftiger bin als er.

Früher habe ich gedacht, ich kann Menschen am besten helfen, indem ich mich um ihre materiellen Bedürfnisse kümmere, inzwischen habe ich erfahren, daß ich ihnen auch mit meinem Verstehen, meiner Einsicht helfen kann. Ich habe Menschen getroffen, die trotz ihres materiellen Reichtums unermeßlich leiden.

In Plum Village praktizieren wir die Fünf Niederwerfungen, die wir ›das Berühren der Erde‹ nennen. Asiatische

Buddhisten machen die sogenannten ›Niederwerfungen‹. Menschen aus westlichen Ländern sind oft schockiert deswegen. Sie fragen sich: Warum soll ich mich vor einer Statue verbeugen? Anstelle des Wortes ›Niederwerfungen‹ verwenden wir nun den Begriff ›die Erde berühren‹. Thay sagte: Schaut die Bäume an, über die ein Sturm hinweggefegt ist, ihre Krone mag gebrochen sein, aber die Wurzeln stehen in unveränderlicher Festigkeit. Ein Mensch ist ebenso. Wenn du große Probleme, starke Emotionen hast, wenn deine Gedanken sich überschlagen und du fast daran zerbrichst, wenn du in diesem Moment zu deinem Atem zurückkehrst und dabei auf die Bewegungen deines Bauches achtest, wie er sich hebt und wieder senkt, wirst du aufhören zu denken, und du wirst dich völlig beruhigen.

Thich Nhat Hanh sagt: Welche Arten von Wurzeln gibt es für einen Menschen? Die *erste Wurzel* ist seine Herkunftsfamilie. Gleichgültig, ob wir eine gute oder eine schlechte Beziehung zu ihr haben, sie ist unsere Wurzel. Beim ersten ›Berühren der Erde‹ atmest du alle guten Eigenschaften deiner Herkunftsfamilie ein, alternativ kannst du auch alle guten Eigenschaften deiner Eltern auf ein Blatt Papier niederschreiben. Was du am meisten schätzt an deiner Mutter, deinem Vater, deiner Großmutter, deinem Großvater usw. Sie alle haben dir von einer großen jahrtausendealten genetischen Datenbank physische und auch psychische Eigenschaften weitervererbt. Du stehst auf und fühlst die Energien all dieser großartigen Menschen, von denen du abstammst, die in dir strömen, dann berührst du die Erde, das heißt, du legst deinen Kopf, deine Hände und Füße auf den Boden in eine Lage, in der du dich wohl fühlst, und dann entläßt du in die Erde alle deine negativen Gefühle, deinen Haß, alles Elend, was du erlebt hast, alle Enttäuschungen. Du weißt, während du dies tust, daß die Erde alles absorbiert: Milch, Blut, Parfüm, Urin, und sie verwandelt dies alles in wunderbares Grün, in blühende Blumen und fruchtbare Erde.

Die *zweite Wurzel* ist deine spirituelle Familie. Das kann ein Freund oder eine Freundin sein, die dir in einer Krisensituation geholfen hat, dem oder der du dein Herz ausgeschüttet hast, der dir aufmerksam zuhörte und am Ende, als du dich schon leichter fühltest, einige Worte zu dir sagte, die deine Haltung veränderten. Und du spürst: Es gibt diese lebendige Liebe; ich sehe sie verkörpert in diesem Menschen. Und in diesem Augenblick berührst du Gott oder Buddha, die Manifestation des Guten. Wenn du also ein zweites Mal die Erde berührst, fühlst du die Energie dieses spirituellen Freundes, der für dich die Liebe verkörpert, und du spürst, wie auch du Teil einer riesigen Lichtquelle wirst.

Eine *dritte Wurzel* habe ich mir ausgedacht, indem ich eines Tages diese Zimmerwand betrachtete und nicht nur die Tapete sah, sondern den Bruder und seine Schwester, die diese Tapete Stück für Stück angebracht haben; mit ihnen fühlte ich mich liebevoll verbunden und auch mit denen, die diese Wand gebaut haben, diesen Kamin. Ich lebte in Vietnam 29 Jahre lang und fühlte die Energie der Menschen dort, die für dieses Land gekämpft, gearbeitet haben. 25 Jahre bin ich nun im Westen, und auch hier lebe ich im Bewußtsein all der Menschen, die dieses Land geprägt haben, es möglich machten, daß ich hier und heute in Freiheit leben kann. Ich fühle die lebendige Gegenwart all derer, die beim Sturm auf die Bastille beteiligt waren, die sich für die Menschenrechte einsetzten.

Bei der *vierten* Berührung der Erde fordere ich die Praktizierenden auf, ihre Energie zu einem geliebten Menschen zu senden, und bei der *fünften* Berührung der Erde bitte ich sie, gute Energien zu einer Person zu schicken, die dem oder der Praktizierenden große Schwierigkeiten macht. Der Buddha lehrt uns, daß wir alle ein Körper sind; deswegen ist es gut, uns in Gemeinschaft zu üben.

Wir alle bewegen uns wie Wellen in einem großen Ozean. Wenn wir unsere Liebe jemandem schicken, den wir eigentlich als unseren Feind betrachten, wird unser Haß verschwinden, sich Schritt für Schritt auflösen. Zuerst sagen viele, bevor sie die Übung machen: ›Nein, Schwester, das kann ich nicht. Wie soll ich jemandem, der mein Leben zerstört hat, positive Energien senden?‹ Ich antworte dann: ›Ich bin nicht sicher, ob dieser Mensch die Energie erhalten wird, die du ihm schickst. Aber *du* erhältst sie in diesem Augenblick. Wenn du dich entschließt, deinen Haß loszulassen, wirst du inneren Frieden haben, und du wirst aufblühen wie eine Blume, die Menschen werden dich lieben, weil du Liebe ausstrahlst.‹ Nach einer solchen Unterweisung in den *Fünf Niederwerfungen* kommen die Menschen oft, um mir zu danken.

Thay sagt, unsere Natur ist wie der Ozean, in dem wir wie die Wellen sind. Auch die Berge, Wälder, Flüsse, alles, was uns umgibt, ist eine Welle. Es gibt uns seit anfangloser Zeit. Vielleicht waren wir als Fels einmal präsent, dann verschwanden wir und wurden zu einem Baum, der wiederum verschwand, und das nächste Mal manifestierten wir uns als Elefant oder als Löwe. Wir alle haben unzählige Lebensformen erlebt, waren bereits in unseren Vorfahren präsent, denn alles Leben beruht auf gegenseitiger Anziehung einander verwandter Stoffe. So ist alles, dem wir auf diesem Planeten begegnen, letztlich eins. Es gibt kein getrenntes Selbst, das nur uns umfaßt. Alle deine Aktivitäten, deine Gedanken, deine Eigenschaften werden weiterleben, auch wenn dein menschlicher Körper sich auflöst. Du bist nicht durch die Zeit oder eine bestimmte äußere Form begrenzt, denn du bist grenzenlos. Du praktizierst, indem du dir dein Selbst als einen Ozean vorstellst, in unzähligen Wellen. Deine Wiedergeburt kannst du beeinflussen, indem du dir in der Stunde deines Todes alle großen Bodhisattvas vorstellst und alle deine guten Taten erinnerst.

Thay und ich hatten einen guten Freund, Alfred Hassler, der mit uns in der Friedensbewegung in Vietnam aktiv war. Er war Amerikaner, und er hatte Krebs; er lag bereits im Koma, als Thich Nhat Hanh und ich ihn im Krankenhaus besuchten. So sprach ich ihn an und sagte: ›Alfred, erinnerst du dich an die Zeit in Vietnam, wo Thich Tri Quang sich weigerte, dich zu empfangen, weil er gegen alle Amerikaner war, und du dich entschiedest, vor seiner Tür einen Hungerstreik zu machen, und so der hohe Mönch veranlaßt wurde, sich doch auf ein Gespräch mit dir einzulassen und dich als Freund unseres Volkes anzuerkennen?‹ Ich erinnerte Alfred auch daran, wie er, ich und Tausende anderer Wissenschaftler 1970 eine große Konferenz für die Erhaltung unseres Planeten einberiefen und wie unsere Aktion Früchte getragen hatte, indem wir viele andere inspirierten, unserem Beispiel zu folgen. ›In ihnen allen wirst du weiterleben‹, sagte ich Alfred, ›du bist nicht begrenzt durch diesen kleinen Körper.‹ Er sagte: ›Wundervoll, wundervoll!‹ Mit diesen Worten starb er. Es ist gut, jemandem in der Stunde seines Todes all seine guten Taten noch einmal ins Gedächtnis zu rufen.«

Ich frage Chân Không, welche Arten von Liebe sie in ihrem Leben erfahren hat. Sie antwortet: »Liebe wärmt unser Herz, macht, daß wir uns zufrieden fühlen, getragen, verstanden in dem, was wir sind. Der Buddha lehrte unendlich viele Arten der Liebe, jede einzelne einzig in ihrer Art. Wenn wir lieben, sollten wir die Liebe fließen lassen wie einen Strom und sie nicht beschränken, nicht einengen durch Egoismus und Anhaftung.

In Asien existiert ein Wissen, das, wie ich glaube, vom Buddhismus beeinflußt ist: Wenn man dort jemanden liebt, liebt man seine gesamte Familie, seine Arbeit, die Dinge, die ihn umgeben, in einer großen allumfassenden Liebe. Es ist wie mit einem Baum. Man bemüht sich, ihm ein möglichst gutes Umfeld zu schaffen, damit er wachsen kann. Im Westen sehe ich häufig junge Paare, die der Meinung sind: Wenn zwei Personen einander in Liebe zugetan sind, ist das genug. Aber die Eltern des Partners sind vergleichbar mit seinen Wurzeln. Wenn du keine gute Beziehung zum Beispiel zur Mutter deines Partners aufgebaut hast, wird er jedesmal, wenn er mit ihr telefoniert, zu hören bekommen, wie schlecht du bist, und es wird ihn nicht glücklich machen. Wir teilen unsere Liebe nicht auf, sondern geben ihr möglichst breiten Raum, lassen sie fließen.

Wenn wir spüren, daß eine Ansicht oder Haltung nicht korrekt, nicht schön ist, bemühen wir uns alle gemeinsam, sie auf freundliche konstruktive Art zu transformieren. Das ist Liebe für mich. Um Liebe geben zu können, bedarf es der vier Elemente, an die der Buddha uns erinnert:

1. Viel Freude geben.
2. Leid vermindern.
3. Sich mitfreuen, wenn ein anderer sich freut.
4. Gleichmut entwickeln und Extreme wie Desinteresse oder Anhaftung meiden, nichts forcieren. Du solltest weder zu kalt oder abweisend gegenüber dem sein, worüber sich ein anderer freut, noch solltest du ihm oder ihr deine Überzeugungen aufzwingen.

Liebe geht immer mit Verstehen einher, mit Respekt. Ziel der Liebe sollte sein, die tiefe Sehnsucht, die Zerbrechlichkeit, die Verwundbarkeit eines Menschen zu verstehen, ihm oder ihr zuzuhören und darüber nachzudenken, was dem oder der Geliebten am meisten helfen könnte.

Wenn du liebst, fühlst du dich durch eine Reihe positiver Qualitäten, die diese Person für dich ausstrahlt, angezogen, auch körperlich, doch du schaffst dir in deinem Geist ein Bild dieser Person, das dieser in Wirklichkeit nicht entspricht. Du hältst ihn oder sie für eine Orchidee, aber in Wirklichkeit ist dein Freund eine Tulpe. Du heiratest und beginnst, diese Tulpe in eine Orchidee umwandeln zu wollen; das wird die Tulpe verletzen. Der Buddhismus hilft uns, falsche Konzepte zu vermeiden und mit der Realität in Berührung zu kommen. Indem wir aufhören zu urteilen, uns beruhigen, indem wir zu unserem Atem zurückkehren, lächeln und Frieden in uns selbst finden. Wir sollten bescheiden werden gegenüber unseren eigenen Vorstellungen.

Liebe muß immer wieder erneuert werden. Paaren, die

nach Plum Village kommen, rate ich, sich jede Woche eine halbe Stunde Zeit füreinander zu nehmen, um neu miteinander anzufangen. Vielleicht trinkt man eine Tasse Tee und erinnert sich gemeinsam der liebevollen Zuwendung, die jeder dem anderen während der vergangenen sieben Tage hat angedeihen lassen, kleine Dinge des Alltags wie, daß er einen Mantel oder Pullover holte, als dich fröstelte, Dinge, für die einander zu danken ihr in dieser Woche keine Zeit fandet. Dann erwähnt ihr die kleinen Schatten, die euer Zusammensein belasteten, und tauscht euch auch darüber aus. Wenn dich etwas verletzt oder ärgert an deinem Partner, nimm dir Zeit, bevor du ihn darauf ansprichst. Leute in westlichen Ländern sind oft daran gewöhnt, ihren Zorn dem anderen direkt ins Gesicht zu schleudern. Das kann zu dauerhaften Verletzungen führen. Während dieses wöchentlichen Gesprächs ist Zeit, einander ehrlich zu sagen, was einen am anderen erfreut, aber auch, was abgestoßen oder verletzt hat. Dieselbe Methode können wir auch auf unsere Arbeitskolleginnen und -kollegen anwenden.«

Ich frage Chân Không, wie es ihr gelingt, nach all diesen Jahren selbstloser Aktivität selbst frisch zu bleiben, frage nach dem Motor ihrer unerschöpflich scheinenden Energie. Sie lächelt und kichert wie ein junges Mädchen:

»Manchmal treffe ich alte Freundinnen wieder, die gemeinsam mit mir ein paar Jahre Sozialarbeit in den Slums gemacht und dann geheiratet haben oder andere Wege gegangen sind. Sie fragen mich: ›Was ist los mit dir? Du arbeitest seit Jahren hart, viele Stunden täglich, wirkst aber nie erschöpft, bist im Gegenteil voller Kraft und Freude. Hast du Uranium gegessen?‹ Ich glaube, der Grund dafür, daß ich mich in meinem Leben nie ›ausgebrannt‹ fühlte, liegt darin, daß ich weiß, wie ich mich selbst lieben muß: Wenn ich mich erschöpft fühle, kehre ich zu meinem Atem zurück, ich mache Gehmeditation, beruhige mich, lächle, bis ich mich erfrischt fühle. Ich leite auch andere Menschen an, ihren Körper zu lieben: Einatmend konzentriere ich mich auf das Einströmen meines Atems; ich sende meine Liebe zu meinem Nacken, meinen Schultern. Ausatmend lasse ich alle Spannung los in meinen Beinen, meinen Füßen. Ich sende Liebe in jede Zelle meines Körpers. Danach schicke ich Liebe in mein Herz. Einatmend beruhige ich mein Herz, ausatmend lächle ich und lasse alle Spannung los. Ich danke meinem Herzen, meiner Leber, meinem Magen und all den anderen Organen dafür, daß sie so treu für mich arbeiten. Ich weiß, daß ich nichts essen, trinken, rauchen soll, was meinem Körper Schaden zufügen könnte. Ich denke, sobald Ärger in mir hochsteigt, weil ich mich irritiert fühle, daß mein Herz darunter leiden wird, und ich pflege die oben beschriebenen Methoden, um mich zu beruhigen. Danach fühle ich mich wie neugeboren.«

Zusammenfassung

Die buddhistische Lehre, wie sie in Plum Village vermittelt wird, beinhaltet eine umfassende Lebenshaltung, die auf Verstehen und Mitgefühl beruht und in fünf ethischen Grundregeln *(Silas)* ihren Ausdruck findet. Auf Grundlage dieser fünf Pfeiler (das Leben schützen, großzügig handeln, verantwortungsvoll lieben, aufmerksam zuhören bzw. einfühlsam reden sowie achtsam und positiv leben) zeigen Thich Nhat Hanh und Chân Không, wie wir zu den Wurzeln unseres Lebensstroms zurückkehren und in der heutigen Zeit nicht nur für unser eigenes Wohl sorgen, sondern auch das Wohlbefinden der Mitmenschen pflegen und kraft unserer Einsicht auch die Erde heilen können.

2
Ayya Khema

Ayya Khema *wurde 1923 als Kind jüdischer Eltern in Berlin geboren, sie starb am 2.11.1997 an Krebs. 1939 floh sie vor dem Nationalsozialismus nach Schottland. Zwei Jahre später ging sie nach China, wo sie während der japanischen Besetzung drei Jahre in Zivilgefangenschaft lebte. 1949 wurde Ayya Khema amerikanische Staatsbürgerin und lebte als Ehefrau und Mutter zweier Kinder in Kalifornien. Die Familie siedelte 1964 nach Australien über und führte ein autonomes Landleben. Auf Reisen durch Asien kam Ayya Khema mit dem Buddhismus in Berührung. Im Frühjahr 1979 wurde sie in Sri Lanka ordiniert. Sie gründete in der Nähe Colombos das »International Buddhist Women's Centre« und ließ bei Dodanduwa auf einer kleinen Insel ein Frauenkloster einrichten, dem sie vorstand. Von 1989 bis 1997 leitete Ayya Khema das »Buddha-Haus« im Allgäu, am 14.7.1997 eröffnete sie ein weiteres von ihr gegründetes Kloster bei Kempten: »Metta Vihara« (Waldkloster), wo nun ihre Schüler lehren. Der 1993 zum Mönch ordinierte Innenarchitekt Nyanabodhi aus Rosenheim wurde von Ayya Khema zu ihrem Nachfolger ernannt.*

Porträt

Eine halbe Stunde Fahrzeit von Kempten im Allgäu entfernt, liegt auf etwa 1000 Meter Höhe am Fuße der Alpen das Dorf Uttenbühl. Hier befindet sich, von einem Holzschindeldach beschirmt, das Buddha-Haus, in dem die Nonne Ayya Khema lebte und das jetzt von ihrem Nachfolger Nyanabodhi Bhikku geleitet wird. Ayya heißt »ehrwürdige Dame«, Khema bedeutet soviel wie »Sicherheit«, und die strahlte Ayya Khema in reichem Maße aus. Umgeben von einer kleinen, aber unermüdlichen Schar von Helfern, die auch schon mal Dienstbotenfunktion übernehmen mußten, führte die Ehrwürdige Ayya Khema neun Jahre lang bis zu ihrem Tod am 2. November 1997 das Regiment im Buddha-Haus.

Der Tag beginnt früh um sechs. In ein braunes Mönchsgewand gehüllt, sitzt Ayya Khema am Frühstückstisch, fragt, wie viele Teilnehmer sich zum nächsten Retreat mit dem Thema »Nobles Schweigen« bereits angemeldet haben. Erstaunen, Ungeduld und eine gewisse Härte breiten sich in ihr aus, als Mitarbeiterin Gudrun ihr mitteilt, daß etwa ein Drittel der Kursteilnehmer noch nicht bezahlt hat. Schier unglaublich findet sie das und erkundigt sich, ob man diesem Drittel nicht besser absagen soll und statt dessen Leute von der Warteliste aufrücken läßt. Gudrun erklärt besänftigend, daß die Teilnehmer bisher alle gekommen seien, die angemeldet gewesen seien, und letztlich auch brav alle bezahlt hätten. Das Frühstück ist gerettet. Draußen, vor den Fenstern der holzgetäfelten Wohnstube, frühstücken Dutzende von Grünspechten, Spatzen und Rotkehlchen. Der Schnee liegt einen halben Meter hoch, keine Seltenheit für die Gegend im November. Ayya Khema wendet sich ihrem Tagwerk zu. Es sind Briefe zu beantworten, Besorgungen zu machen, Bücher zu schreiben. Zwanzig lieferbare Titel gibt es von ihr in deutscher Sprache; im Herbst 1997 brachte der Scherz Verlag die

Autobiographie der Ehrwürdigen Ayya Khema heraus. Sie hat, das muß man zugeben, so viel erlebt, daß der Stoff für mehrere Bücher ausreicht. Außerdem hat sie 1997 ihr drittes Kloster gegründet.

Als wir einander gegenübersitzen, funkeln Ayya Khemas Augen angriffslustig, wenn ihr meine Fragen allzu privat erscheinen. So zugewandt und freundlich sie vor größerem Publikum erscheinen kann, so sperrig und egozentrisch kann sie sich im persönlichen Umgang geben. Leonore Friedmann schreibt über Ayya Khema in *Meetings with Remarkable Women*, daß sie mit ihrem geschorenen Haupt und den gelben Gewändern wie eine glänzende Beere aussehe, »süß und sauer zugleich«, und die Schriftstellerin Anne Bancroft bemerkt: »Mag sein, daß sie eine Beere ist, aber man kann sie auch mit einem kleinen Bulldozer vergleichen, der sich unaufhaltsam seinen Weg bahnt.«

»Ich hatte alles, was man in diesem Leben bekommen kann und was die Menschen für wichtig befinden, und dennoch empfand ich im innersten Herzen ein Gefühl der Unvollkommenheit«, beginnt Ayya Khema unser Gespräch. »Ich wußte, es mußte mehr geben als das, was die Welt, die ich kannte, zu bieten hatte. Sie bot mir viel: zwei Kinder, eine Farm, einen Ehegatten; wir züchteten Shetland-Ponys in Australien, waren davor um die halbe Welt gereist. Mein Mann war ausgesprochen abenteuerlustig, ich weniger, ich habe ihn begleitet. Aber trotz allem blieb das Gefühl: Es muß doch etwas geben, das über das Weltliche hinausgeht, eine Möglichkeit, die Lebensqualität zu vertiefen.«

Ayya Khema mußte fünfzig Jahre alt werden, bis sie 1973 erstmals von der Lehre des Theravada-Buddhismus hörte. Zuvor hatte sich die gebürtige Jüdin mit der Religion ihrer Väter auseinandergesetzt, doch die bot ihr nicht das, wonach sie so intensiv suchte. Sie sagt: »Das ist das Interessante am Buddhismus, daß wir durch die Meditation einen pragmatischen, methodischen Zugang haben, der uns in die transzendentale Ebene führt, und jeder Mensch, der dies wissen will, ist willkommen. Es ist auch nicht notwendig, erst Buddhist zu werden. Der Buddha hat nie von Buddhisten oder Buddhismus gesprochen; das ist eine spätere Erfindung. Der Buddha hat von Übenden gesprochen, die wir sind, und vom *Dhamma* oder *Dharma*, das ist die Lehre oder das Gesetz, das Naturgesetz, die Wahrheit.«

Ayya Khema alias Ilse Kussel wurde 1923 als Kind assimilierter jüdischer Eltern in Berlin geboren. Sie erzählt: »Ich habe eine sehr schöne Kindheit gehabt, wuchs behütet als einziges Kind im Berliner Bezirk Tiergarten auf, bis Hitler an die Macht kam, damals war ich gerade zehn Jahre alt.« Nach 1933, als die Nazigesetze in Kraft traten, verlor Ayya Khemas Vater Theodor Kussel seine Stellung als vereidigter Börsenmakler. Das großbürgerliche Leben mit Chauffeur und anderen Bediensteten endete jäh. Ilse Kussel reist 1937 mit einem von der jüdischen Gemeinde organisierten Kindertransport nach Schottland. Als Au-pair-Mädchen lebt sie in Glasgow, lernt Englisch. Doch sie hat Heimweh nach den Eltern. Diese sind nach der Reichskristallnacht im November 1938 von Berlin nach Schanghai geflüchtet. »Das war damals der einzige Ort der Welt, wo man ohne Visum einreisen konnte«, erklärt Ayya Khema. »Ich war eins von insgesamt 10 000 jüdischen Kindern, die gerettet wurden, 90 000 jüdische Kinder aus Berlin sind während des Dritten Reichs ums Leben gekommen.« 1941 reist die 17jährige mutterseelenallein auf einem japanischen Frachtschiff von Liverpool nach Schanghai; acht Wochen dauert die Reise, die Ayya Khema als »angsterregend« in Erinnerung geblieben ist.

Theodor Kussel war es gelungen, sich in Schanghai erneut beruflich zu etablieren, allerdings in einem gänzlich anderen Beruf als dem erlernten. Aus dem ehemaligen Banker war ein Hersteller von Damenoberbekleidung geworden. Ilse Kussel arbeitete als Sekretärin bei einer russischen Exportfirma. »In

Schanghai«, so erinnert sie sich, »gab es ein ›international settlement‹, das heißt, neben 18 000 Emigranten lebten dort Tausende von Nichtchinesen. Man konnte dort sehr gut leben bis zur Übernahme durch die Japaner.« Das war 1943. Auf meine Frage, ob sie als Buddhistin glaube, daß ihr Schicksal mit dem ihrer Eltern zusammenhänge, antwortet Ayya Khema: »Wir sagen, daß wir uns die Eltern, die wir bekommen, selbst aussuchen als Lernsituation. Darum ist es ein Wahnsinn, Eltern zu beschuldigen, wenn im eigenen Leben etwas schlecht gelaufen ist.« Nüchtern antwortet sie auf meine Frage, inwieweit die Japaner als Verbündete Deutschlands an der Judenverfolgung aktiv beteiligt waren: »Sie haben die 18 000 jüdischen Emigranten eingesperrt, aber sie haben sie nicht vergast, wie es die Deutschen angeblich gegenüber den Japanern angeordnet haben. Wenn man eine Anstellung hatte, konnte man einen Paß bekommen und das Lager verlassen, um diesem Beruf nachzugehen.« Viele Kleinkinder und alte Menschen starben in diesen Zivilgefangenenlagern, weil die Versorgungsverhältnisse miserabel waren. Auch Ayya Khemas Vater starb fünf Tage, bevor der Krieg zu Ende ging, an einer Gehirnhautentzündung. »Es war kein Zuckerlecken«, sagt sie, »aber dennoch nicht vergleichbar mit dem, was in Deutschland passiert ist.«

Ilse Kussel heiratet 1946 einen deutschen Juden, den sie im Internierungslager in Schanghai kennenlernte. 1947 wird Tochter Irene geboren. Kurz vor der Übernahme Schanghais durch die Truppen Mao Tse-tungs wandert die junge Familie nach Amerika aus, baut sich dort eine Existenz auf. Ilse arbeitet bei der Bank of America. 1956 wird Sohn Jeffrey in Kalifornien geboren. 1959 läßt das Paar sich scheiden. Ilse zieht nach Mexiko, arbeitet auf einer Gesundheitsfarm direkt an der kalifornischen Grenze. Sie heiratet zum zweiten Mal: einen früheren Schulkameraden, wird Ilse Ledermann. Die sechziger Jahre sind von ausgedehnten Reisen geprägt: Ilse fährt im Wohnmobil mit ihrem Mann und dem kleinen Jeffrey, den sie selbst unterrichtet, durch Mittel- und Südamerika,

Australien, Pakistan, Europa und schließlich durch Asien, insbesondere durch die Himalajaländer. Wie verlief dann ihre Entwicklung im Hinblick auf ihr späteres spirituelles Leben? Der erste Schritt, das spirituelle Bedürfnis zu befriedigen, erzählt Ayya Khema, sei die Lektüre der Schriften Swami Yoganandas gewesen, des Begründers der »Self-Realization Fellowship«. Erste Meditationserfahrungen sammelt Ayya Khema im Ashram Sri Aurobindos, führt die einmal erlernte Praxis auch während der kommenden zehn Jahre fort, als sie mit ihrer Familie im australischen Queensland als Farmerin lebt und Shetlandponys züchtet.

1973 kommt Ayya Khema in Australien erstmals mit der Lehre des Theravada-Buddhismus in Berührung. In Sri Lanka, Burma und Thailand ist diese Tradition des Buddhismus die vorherrschende Religion, der etwa 80 Prozent der Bevölkerung angehören. Ayya Khemas Lehrer ist der englische Mönch Phra Khantipalo. Was überzeugt sie, seinen Worten zu glauben? »Daß es vernünftig war, gesunder Menschenverstand«, sagt Ayya Khema trocken. »Es war nichts Abgehobenes oder Exotisches, es war nichts Unverständliches, es war nichts, was mit irgendeiner bestimmten Kultur verbunden ist. Ich lehne auch für meine Lehrtätigkeit alles Exotische ab und alles, was mit irgendwelchen soziokulturellen Dingen zu tun hat. Man muß auseinanderhalten können, was der Buddha gelehrt hat und was sozial-kulturell in jedem Land dazukommt. Die Lehre des Buddha hat sich verbreitet und hat sich in verschiedenen Ländern angesiedelt. Man kann aber nicht tibetischen oder japanischen Buddhismus exportieren, man kann nur Buddhismus exportieren. Und dann muß er sich in dem Land, wo er hingebracht wird, wieder heimisch machen. Der Buddha hat gesagt, daß *Dhamma* – die Lehre – erst heimisch wird, wenn sie in der Muttersprache gelehrt wird.« Ayya Khema hat acht ihrer Schüler autorisiert, in Deutschland zu lehren, in Australien sind es drei, in Amerika ein Schüler.

Welche Tugenden, frage ich sie, sind einzuhalten, wenn man sich entschließt, dem Pfad zu folgen? »Die fünf Tugendregeln«, antwortet Ayya Khema, ohne zu zögern. »Sie besagen: Du sollst kein Lebewesen töten, nichts nehmen, was dir nicht gegeben wurde, keinen sexuellen Mißbrauch treiben, nicht lügen oder grobe Worte benutzen und keine Drogen oder Alkohol zu dir nehmen. Das sind die fünf Grundregeln für einen Laienbuddhisten.« Als wichtigsten Alltagsaspekt des Theravada-Buddhismus nennt Ayya Khema eine »ständige Achtsamkeit« in bezug auf die eigenen Gedanken und Handlungen: »Achtsamkeit ist Bewußtheit ohne Werturteil«, sagt sie. Und wenn man sich einen distanzschaffenden inneren Beobachter zulegt, anstatt instinktiv und impulsiv allen Reaktionen des Geistes blindlings zu folgen, entwickelt man Achtsamkeit. Der zweite Schritt ist die Beherzigung der »vier großen Anstrengungen«, die von Buddha so formuliert wurden: »Einen unheilsamen Gedanken, der noch nicht aufgekommen ist, nicht aufkommen lassen; einen unheilsamen Gedanken, der schon aufgekommen ist, nicht weiterführen; einen heilsamen Gedanken, der noch nicht aufgekommen ist, zum Entstehen bringen; einen heilsamen Gedanken, der schon aufgekommen ist, weiterführen.«

Glück und Frieden sind laut Ayya Khema nur innerlich zu finden, niemals außerhalb unseres eigenen Geistes. Es geht also darum, die eigenen Emotionen und Gefühlsaufwallungen »in den Griff« zu bekommen, unheilsame Gedanken konsequent durch heilsame zu ersetzen. Hierbei sind die vier *Brahma Viharas* (positive Emotionen) von Bedeutung: liebende Güte, Mitgefühl, Mitfreude und Gleichmut. Nur wer sich selbst genau beobachtet und immer wieder zum Guten bringt, hat Aussicht, vom ewigen Kreislauf von Geburt und Tod und den damit verbundenen Leiden erlöst zu werden.

Die Meditation sei eine Schule der Achtsamkeit, sagt Ayya Khema in einem Gespräch mit Anne Bancroft. Ich zitiere aus diesem Gespräch drei Übungsmethoden, die Ayya Khema häufig lehrte:

»Beim Einatmen Frieden einatmen – nehmen Sie ihn aus der umgebenden Luft, von den Bäumen, vom Himmel.

Beim Ausatmen Liebe ausatmen und sich mit ihr umgeben.

Beim nächsten Ausatmen diese Liebe zu den Menschen in Ihrer Umgebung und noch weiter hinaussenden.

Wenn der menschliche Geist Abwechslung in der Methode braucht, gebe ich eine andere. Die zweite Methode besteht darin, darauf zu achten, wie man sitzt, auf die körperlichen Empfindungen, die sich einstellen. Gehen Sie nach innen, und machen Sie sich alle Empfindungen bewußt, wo auch immer sie auftreten. Registrieren Sie sie einfach. Gehen Sie zum Beispiel zu Ihren Fingerspitzen und zu Ihren Zehen und lassen Sie dann los. Lassen Sie die körperliche Empfindung los und die geistige ebenso. Lassen Sie ohne Reaktion los.

Die dritte Methode lautet: Machen Sie sich den einströmenden und den ausströmenden Atem bewußt – nichts weiter. Wenn Sie irgendwo etwas spüren – Füße, Hände oder Kopf –, gehen Sie mit Ihrem Geist an diese Stelle, und lassen Sie los. Geben Sie allen auftauchenden Gedanken ein Etikett. Werden Sie zum Beobachter, und benennen Sie Ihre Gedanken, was auch immer Sie tun.«

»Woher weiß man als Meditierender, daß man den eigenen Weisheitsgeist berührt?« frage ich Ayya Khema.

»Man merkt erst, daß man meditiert, wenn man die meditativen Vertiefungen macht, die *Jhanas*, wie sie auf Pali heißen. Dann hört der Geist auf zu denken und berührt andere Bewußtseinsebenen. Dafür braucht es die Anleitung durch einen Lehrer«, erklärt Ayya Khema und fügt hinzu: »Diese Praxis der *Jhanas* wird weltweit kaum gelehrt.« Warum hat sie sich gerade für diese Meditationspraxis entschieden? Sie habe sich nicht dafür entschieden, meint Ayya Khema, vielmehr sei dies der selbstverständliche natürliche Weg, den der Geist während der Meditation gehe. In der Mittleren Sammlung des Buddha sei sie genau erklärt. Sieben Jahre hat sie gebraucht, um ihren Geist vollständig in der Meditation ruhen lassen zu können.

Ihren eigenen Lehrer, den Ehrw. Nanarama Mahathera, Abt eines Waldklosters in Sri Lanka, lernte Ayya Khema 1983 kennen. Ayya Khema sagt, sie schätzte an ihm vor allem, daß er sie unterstützt habe und daß er ihr bestätigte, daß ihre Art zu meditieren richtig sei. Auf meine Frage, ob dies nicht ein etwas egozentrischer Standpunkt sei, antwortet Ayya Khema in der ihr eigenen trockenen Art: »Wenn er gesagt hätte, es stimmt nicht, hätte ich wohl etwas anderes machen können.«

1978 gründete Ayya Khema in Australien das Waldkloster »Wat Buddha Dhamma«, wo sie selbst unterrichtete, 1979 wurde sie vom Ehrw. Narada Mahathera in Sri Lanka ordiniert, 1984 öffnete »Parappuduwa Nuns Island« (Nonneninsel) ihre Pforten. Auch auf dieser im Südwesten Sri Lankas gelegenen Insel gelang es Ayya Khema, durch Spenden ein Kloster ins Leben zu rufen, in das auch heute noch Frauen aus aller Welt reisen, um zu meditieren. Die Vorträge, die Ayya Khema allabendlich auf der Nonneninsel hielt, sind in ihrem Buch *Sei dir selbst eine Insel* zusammengefaßt.

Ayya Khemas Bekanntheit wächst. Im Februar 1987 findet – von Ayya Khema organisiert – im indischen Bodh Gaya, dem Ort, an dem der Buddha Erleuchtung erlangte, die Erste Internationale Konferenz buddhistischer Nonnen statt. Der Dalai Lama hält das Hauptreferat. Die ca. 170 anwesenden Frauen gründen »Sakyadhita« (Töchter des Buddha), eine Organisation, die sich »für die Wiedereinführung der vollen Ordination für Nonnen in den Traditionen einsetzen will, in denen sie im Lauf der Geschichte verlorenging bzw. ausstarb«, erläutert Ayya Khema an anderer Stelle. Was bedeutet es für sie persönlich, Nonne zu sein? »Es ist ein sehr erleichterndes, unbeschwertes Gefühl«, antwortet Ayya Khema auf meine Frage. Ich brauche nichts darzustellen. Im allgemeinen muß man immer jemand sein: hübsch sein, einen Freund haben, Geld verdienen, Auto fahren. Das fällt alles weg, geht alles flöten. Ich begegne Hunderten, Tausenden von Menschen und alle haben dieselben Probleme. Nonne zu sein ist äußerst angenehm.« In einem Text von ihr heißt es: »Wir bemühen uns, ›selbst-los‹ zu werden. Das Tragen der Roben bedeutet im wesentlichen, öffentlich kundzutun, daß man versucht, absolut ›niemand‹ zu werden.«

Niemand zu sein bedeutet im Buddhismus, die Vorstellung eines festumrissenen »Ich« loszulassen. Der Mensch wird als Summe oder Anhäufung von Energieteilchen betrachtet, die ständig zusammenkommen und wieder auseinanderfallen. Im Buddhismus wird dieses Individuum, das wir »ich« nennen, als illusorisch betrachtet und aufgegeben, denn das menschliche Ich kreiert die Probleme, mit denen wir uns zeitlebens herumschlagen. An die Stelle des ständig bewertenden, projizierenden Ich tritt im Buddhismus die Erkenntnis von der »Leerheit« aller Phänomene. Ayya Khema schreibt: »Nachdem wir auf Haare, Kleider, Schmuck und Besitz verzichtet haben, ist als nächstes die besonders Frauen vertraute Bindung an den uns nahestehenden und liebsten Menschen aufzugeben.« Ayya Khema hat mit dem Nonnewerden gewartet, bis ihre Kinder erwachsen waren. Hat sie noch Kontakt zu ihnen? »Ja, natürlich«, sagt sie, »im allgemeinen besuche ich sie einmal im Jahr. Meine Kinder sind keine Buddhisten, aber mein ältester Enkel hat einen Kurs bei mir gemacht. Mein Sohn sagt, wenn er überhaupt etwas wäre, wäre er Buddhist, aber er zieht es vor, keiner Glaubensrichtung anzugehören.«

Was haben Jeffrey und Irene dazu gesagt, daß ihre Mutter Nonne wurde? Ayya Khema schmunzelt: »Der Junge fand das fabelhaft und interessant, mal was Neues, das Mädel eher seltsam. Ihr gefiel ich besser mit langem Haar, hübsch angezogen. Wir haben dann darüber gesprochen, und dann hat sie das auch verstanden«, erzählt Ayya Khema. Jeffrey und Irene stünden ihren Aktivitäten heute nicht nur tolerant, sondern sogar »bewundernd« gegenüber, sagt Ayya Khema. Sie selbst findet das ganz »natürlich, denn welche Mutter schreibt schon so viele Bücher, tritt im Fernsehen auf; die meisten Mütter bleiben doch zu Hause«, meint sie. Auf meinen Einwurf, eine solche Seltenheit sei eine Frau, die im Rampenlicht der Öffentlichkeit stehe, heute doch auch wieder nicht, Hillary Clinton beispielsweise sei doch auch oft in den Medien, habe jetzt auch ein Buch veröffentlicht, erwidert Ayya Khema unwirsch: »Ich glaube nicht, daß Sie die mit mir vergleichen dürfen«, findet den Vergleich absolut unpassend.

Mir kommt der Verdacht, daß Ayya Khema doch etwas darstellen möchte im spirituellen Bereich, in dem sie sich – zu Recht – als Profi sieht.

In ihrem Buch *Unsere Umwelt als Spiegel* schreibt Ayya Khema: »In der Vielfalt der Schöpfung existiert das Gute und das Schlechte, aber wir sind nicht zum Richten darüber aufgerufen, sondern zum Dienen und Lieben.« Welchen Platz hat das Dienen in Ayya Khemas Leben und welchen das Lieben? Ihre Antwort lautet: »Ich glaube nicht, daß ich irgend etwas anderes mache; das ist alles, was ich tue, weiter hab' ich nichts zu tun.« Und welcher Ausdruck von Liebe, frage ich Ayya Khema, hat sie in ihrem Leben am tiefsten berührt? Einen Augenblick stutzt sie, scheint ihre Sicherheit für Sekundenbruchteile zu verlieren, dann kommt die überpersönliche Antwort, fast unbewegt: »Die Erklärung des Buddha, was Liebe bedeutet. Nicht das, was wir glauben, daß es bedeutet.« Was sagt der Buddhismus zum Thema Sinnlichkeit oder Leiblichkeit? möchte ich wissen. Ayya Khemas Antwort klingt wie auswendig gelernt: »Sinnesbefriedigung wird das genannt im Buddhismus: unterste Ebene des Glücks, gröbste Ebene des Glücks. Sie ist kurzfristig, muß immer wieder erneuert werden und ist daher nicht sehr erfüllend.«

Die Stiefmutter des Buddha wurde die erste Nonne, die ihm folgte. Welchen spirituellen Weg ist sie gegangen? Ayya Khema erzählt: »Sie hieß Maha-Pajapati, und wie alle Verwandten des Buddha hat sie gesehen, was für einen wunderbaren Weg er hatte, und wollte ihm deshalb folgen. Sie hat den Nonnenorden ins Leben gerufen und wurde erleuchtet.« Verwirklicht der Buddhismus die Gleichstellung von Männern und Frauen? »Diese Frage ist unmöglich eindeutig zu beantworten«, sagt Ayya Khema. »Wenn Sie in einem Land leben wie zum Beispiel in Deutschland, wo wir ja nun beinahe emanzipiert sind, dann haben wir die Gleichstellung erreicht. Wenn man in einem Land in Asien lebt, wo von einer Gleichstellung der Frau überhaupt nicht die Rede sein kann, dann haben wir's nicht. Es kommt darauf an, wo man lebt. Der Buddha hat gesagt, die Frau kann genauso erleuchtet werden wie der Mann.«

Ayya Khema lebte zehn Jahre in Sri Lanka. Anfang der achtziger Jahre, so erzählt sie, stammte die überwiegende Zahl der Nonnen dort aus ärmlichen Verhältnissen. Das hat sich inzwischen geändert. Eine der Schülerinnen Ayya Khemas, die früher Professorin an einer Universität war, ist Nonne geworden. Ayya Khema hat entscheidend daran mitgewirkt, daß sich der Status der Nonnen in Sri Lanka wesentlich verbessert hat; sie können nun die höhere Ordination bekommen, was davor nicht möglich war.

Ayya Khema hat »Nuns Island« Ende der achtziger Jahre verlassen. Was ist aus ihrem Kloster geworden? »Es läuft sehr gut«, meint Ayya Khema optimistisch, »eine Singhalesin, die perfekt Englisch kann, leitet das Kloster, und viele sowohl meiner deutschen als auch meiner amerikanischen Schülerinnen fahren dorthin für längere Retreats.«

Auf Bitten ihrer deutschen Schülerinnen kam Ayya Khema 1989 nach Deutschland. »Ich habe empfunden«, sagt sie, »daß es wichtig war für mich, in das Land meiner Geburt zurückzukommen, um die Lehre des Buddha in der Muttersprache den Menschen hier zu vermitteln, die sie hören wollen. Der

Buddha hat gesagt, man soll das Dhamma in seiner Muttersprache lernen, und zwar, weil die Worte eine Gefühlsbedeutung haben und nicht nur intellektuell aufgenommen werden. Dadurch finden sie leichter Eingang in das Herz der Menschen.«

Zunächst reiste Ayya Khema im Auto Tausende von Kilometern quer durch Deutschland und Österreich, gab Kurse und hielt Vorträge. Als ihr das aus gesundheitlichen Gründen zuviel wurde, ließ sie sich 66jährig 1989 im Buddha-Haus nieder, um dort zu lehren. Doch längst ist der Raum auch hier zu eng geworden für die vielen Menschen, die den Belehrungen der Ehrwürdigen Ayya Khema folgen wollten, und sie wich auf nahegelegene Klöster wie das Exerzitienhaus des Klosters St. Ottilien, das ökumenische Institut des Klosters Niederaltaich, die Tagungsstätte Walberberg des Klosters St. Albert und die Kolping-Ferienstätte bei Wertach aus.

Im Juli 1997 wurde das dritte Kloster in Betrieb genommen, das Ayya Khema gegründet hat: »Metta Vihara« (Waldkloster). Es liegt 20 Fahrminuten von Kempten entfernt auf 1000 m Höhe, in ländlicher Idylle. Hier können Menschen, die den Wunsch haben, Mönch oder Nonne zu werden, eine Zeitlang leben. »Jeder, der dorthin kommt«, erklärt Ayya Khema, »muß zumindest den Wunsch haben, Mönch oder Nonne zu werden. Wenn am Ende nichts daraus wird, ist das auch in Ordnung.« Der Mindestaufenthalt in diesem »Kloster auf Zeit« beträgt einen Monat, maximal vier Monate. »Was erwartet denjenigen?« möchte ich wissen. »Das, was in seinem eigenen Geist herumläuft«, lautet Ayya Khemas lapidare Antwort. »Er kann dort wohnen, essen, meditieren, bei der Arbeit mithelfen, kann die Lehrreden hören, die Bibliothek nutzen und seinen eigenen Geist beobachten.«

Das Umfeld, in dem wir im Westen heute leben, fordert und fördert eher Zerstreuung und Anhaftung, als daß es uns Möglichkeiten spirituellen Lebens eröffnet. Wie können wir damit umgehen? Ist es möglich, einen »normalen« Beruf zu haben und dabei einem spirituellen Pfad zu folgen? Ayya Khema bejaht diese Frage: »Wenn ein Beruf die fünf Tugendregeln bricht, ist er ungeeignet, dann sollte man sich etwas anderes suchen. Es ist gut, sich in helfenden Berufen zu engagieren, aber nicht um Resultate zu erzielen. Wenn man Resultate erzielen will, brennt man aus, verliert die Kraft. Das gilt für alles. Wichtig ist Hingabe, das Tun, ohne Resultate zu suchen. Vielleicht ist das Wichtige dabei, immer wieder zu erkennen, daß man den Sinnesbefriedigungen hinterherläuft, und das vielleicht etwas zu reduzieren. Und statt dessen andere Ebenen des Glücks kennenzulernen, die der Buddha gelehrt hat. Die Sinnesebene ist die, die ausschlaggebend ist bei den meisten Menschen. Sie nimmt viel Zeit und Energie in Anspruch und bringt im Prinzip gar nichts. Man muß immer wieder neu anfangen. Und wenn man das merkt, bedeutet das noch lange nicht, daß man keine angenehmen Sinneseindrücke mehr bekommt, nur daß man seine Zeit und Energie woanders hinschickt, und zwar: in die Läuterung des Herzens, zur unpersönlichen Liebe und in die Meditation. Da hat man schon mal neue Möglichkeiten des Glücks. Und das ist jedem offen. Unpersönliche Liebe bedeutet, daß man die Liebe nicht davon abhängig macht, daß jemand da ist, der liebenswert ist, sondern daß man das Herz öffnet. Der Buddha hat gesagt, ein Menschenleben sei sehr wertvoll.«

Um seinen Mönchen ein Gleichnis zu geben, erzählte der Buddha ihnen die folgende Geschichte: »Stellt euch vor, ihr Mönche, daß eine blinde Schildkröte in allen Weltmeeren umherschwimmt, desgleichen ein hölzernes Joch. Diese blinde Schildkröte kommt alle hundert Jahre nur ein einziges Mal an die Oberfläche, um Luft zu schnappen. Haltet ihr es für möglich, daß sie jemals ihren Kopf durch das hölzerne Joch stecken wird?«

»Nein, Herr, das ist ganz unmöglich! Ganz ausgeschlossen ist es, daß die beiden einmal zur selben Zeit an derselben

Stelle sein sollten.« – »Unmöglich ist es nicht, ihr Mönche; es ist unwahrscheinlich, aber nicht unmöglich. Und dieselbe Unwahrscheinlichkeit besteht für die Wiedergeburt als Mensch.«

Für Ayya Khema war dieses Gleichnis Grund genug, die ihr zur Verfügung stehende Zeit wertvoll zu verwenden. Glück- und sinnsuchenden westlichen Menschen, die fragen, worauf es im Leben und Sterben wirklich ankommt, gibt sie folgende Ratschläge mit auf den Weg: »Man kann vielleicht sagen, daß – wenn man auf dem Totenbett liegt – es darauf ankommt, wieviel Liebe man verschenkt hat, und nicht, wie oft man recht gehabt hat. Hilfreich, liebevoll sein, aber vor allen Dingen diese Liebe in sich entwickeln, die nicht mit Personen, sondern die nur mit der Läuterung des Herzens zu tun hat. Und den Sinn des Lebens auszudrücken wäre: spirituelles Wachstum. Und das bedeutet Läuterung von Herz und Geist. Und das lernt man am besten durch Meditation. Da findet man schon den Sinn des Lebens.«

Es komme im Prinzip, meint sie, nicht darauf an, was man mache, es komme vielmehr darauf an, wie man etwas mache. Ayya Khema zitiert die von ihr sehr geschätzte Mystikerin Teresa von Avila, die in ihren Anweisungen an die Nonnen geschrieben habe, sie brauche nicht noch eine heilige Nonne, sie brauche eine, die die Toiletten putze.

»Das Innenleben ändert sich dadurch, und das ist alles, worauf es ankommt. Und wenn das Innenleben sich genügend geändert hat, dann ändert sich natürlich das Außenleben auch, das kann nicht statisch bleiben.« Ayya Khema glaubt, daß die meisten Menschen moralische Prinzipien haben, doch sehr befangen sind in allgemeinen Werturteilen. Man müsse aber individuell denken können. »Das individuelle Denken bedeutet, daß man nicht auf die alte, eingefahrene Tour reagiert. Die Lebensqualität findet innen statt, nicht außen.«

Die meisten Menschen haben Wünsche, und ein Wunsch ist auf jeden Fall eine Mangelerscheinung. Hat Ayya Khema Wünsche und Hoffnungen? »Ich möchte noch lange genug leben, um die *Mittlere Sammlung* des Buddha, 152 Lehrreden, die wir auf deutsch übersetzt haben, so weit zu fördern, daß sie druckreif sind. Das ist eine wichtige Hinterlassenschaft für den deutschen Sprachraum«, sagt Ayya Khema.

Welches Verhältnis hat sie persönlich zum Thema Alter und Tod? Und was ist aus buddhistischer Sicht dazu zu sagen? »Es sind Selbstverständlichkeiten. Erst wenn man mit seinem Tod lebt, kann man richtig leben. Ich bin dem Tod unterworfen, ich kann dem Tod nicht entgehen; man muß sich das tagtäglich vor Augen führen.« Ayya Khema hat Krebs. Das regt sie nicht weiter auf: »Der Buddha hat gesagt, daß der Körper Krebs ist. Wenn man nicht daran stirbt, stirbt man an etwas anderem.« Auch in ihren Meditationskursen spricht sie diese Dinge immer wieder an, betont, daß die Angst vor dem Sterben kleiner wird, wenn man aufhört, an ein solides Ich zu glauben. »Solange man an ein solides Ich glaubt, will man natürlich nicht vernichtet werden, und diese Angst ist die Angst vor dem Tod. Wenn man sich aber darüber klar werden will, daß gar nichts da ist zum Vernichten und daß auch gar nichts vernichtet wird, muß man schon praktizieren. Und das dauert. Man muß üben und immer wieder üben, und eines Tages kann man sich diese Einsicht dann selbst verdeutlichen.«

In einem Gespräch mit Detlev Kantowsky sagt Ayya Khema: »Es ist beim Tod auch nicht anders als jeden Morgen. Da ist nur ein neuer Körper, weiter nichts; ich bin eingeschlafen, und dann komme ich wieder.« Im selben Gespräch äußert sie aber auch, daß aus ihrer Sicht eine Wiedergeburt in diese Welt nicht wünschenswert erscheint, »weil – obwohl sie sehr hübsch aussieht – sie an sich nur mit bösen Dornen bewachsen ist«. Man könne Frieden erst erlangen, nachdem man diese Dornen transzendiert habe.

Nach der Lehre des Buddha ist das Leben ein ewiger Kreislauf, und alle Individuen sind Mosaiksteine eines unendlichen Universums. »Nicht ich als Person, sondern die Summe meiner Taten wird wiedergeboren. So macht nach Buddha mein Leben einen Sinn, wenn ich diese Welt um einige gute Taten bereichere. Alles, was aus uns herausfließt, fließt in das kosmische Bewußtsein, und jeder andere, der auch auf dieser Ebene ist, hat dazu Zugang. Je mehr Ärger aus uns herausfließt, desto mehr Ärger existiert; je mehr Freude aus uns herausfließt, desto mehr Freude existiert; je mehr Erleuchtung es gibt, desto mehr Erleuchtung existiert.«

Zusammenfassung

Ayya Khema wollte die Welt als Beobachterin erleben, nicht mehr als Person, die davon in Mitleidenschaft gezogen wird. »Der Beobachter hat viel Mitgefühl und Liebe für die Menschen um sich, aber er läßt sich nicht mehr in ihre Gefühle und Schicksale verstricken«, schreibt sie in ihren Lebenserinnerungen. Vielleicht ist dies der Grund für die fast stoische Unerschütterlichkeit, die sie bei unserer Begegnung ein Jahr vor ihrem Tod ausstrahlte. Paradoxerweise waren ihre geleiteten Liebende-Güte-Meditationen perfekt und berührend zugleich; *Common sense* und die Läuterung des Herzens waren ihr ein Anliegen.

3
Lama Ole Nydahl

Seit dem 12. Jahrhundert ist der Gyalwa Karmapa Oberhaupt der nach ihm **Karma-Kagyü** *benannten Schule. Er hat spirituell (nicht politisch) den gleichen Status wie der Dalai Lama. Der 16. Karmapa Rangchung Rigpe Dorje mußte vor den chinesischen Invasoren Tibets 1959 ins indische Exil fliehen. Eines der Hauptziele seiner Arbeit war es, die buddhistische Lehre in den Westen zu bringen. Der Däne Ole Nydahl und seine Frau Hannah waren die ersten westlichen Schüler des 16. Karmapa. Zwischen 1969 und 1972 studierten sie bei Karmapa, Kalu Rinpoche und anderen tibetischen Lamas die buddhistische Lehre und Meditation. Ole Nydahl hat 200 Zentren in aller Welt gegründet. Seine unermüdliche Reisetätigkeit führt ihn durch ganz Europa bis nach Rußland. Er ist einer der wenigen buddhistischen Lehrer, die im früheren Ostblock aktiv sind. Auch in den USA, Australien, Indien und Südamerika hält er Vorträge und Retreats. Ole Nydahls Vorträge zeichnen sich durch Spontaneität und Lebensfreude aus.*

Porträt

»Ich habe immer ganz viel Platz gebraucht«, erzählt Ole Nydahl, als wir uns beim Gespräch in seinem Hamburger Zentrum, Stahltwiete 20, gegenübersitzen. Und er erinnert sich:

Als Kind war ich immer der Wildeste auf der Straße, mußte die höchsten Bäume hochklettern, mich mit den größten Jungen balgen und dabei möglichst gewinnen. Ich denke, meine Überzeugung, daß man Menschen nicht schädigen soll, entstand bei meinem ersten Besuch in einer Nacktsauna. Da plötzlich habe ich gesehen, an wie vielen Stellen Menschen verwundet werden können. Da habe ich mir gesagt, wenn sie so verletzlich sind, will ich sie in Zukunft lieber mehr schützen als schlagen.

Ich bin ganz sicher, daß ich in meinem letzten Leben Krieger in Osttibet war und die Bevölkerung dort gegen chinesische Angriffe schützte. Das ist mir nicht nur von meinen Lehrern gesagt worden, ich erfuhr es auch aus eigenen Träumen ab meinem zweiten, dritten Lebensjahr, und ich habe auch später in Osttibet die Stellen wiedergefunden, wo ich gekämpft habe. Als ich das erste Mal einen Bleistift in der Hand hielt, als ganz kleines Kind, habe ich sofort Skizzen von Bergkriegsführern gemacht. Es gab da überhaupt keinen Zweifel. Solche Prägungen, solche Neigungen sind stark, gehen deutlich von Leben bis Leben. Und in diesem Leben wurde ich in einem Land geboren, wo zwar keine Wikingersitten mehr herrschten, aber wo immer noch ein bißchen dieses Wikingergefühl vorhanden war mit Risikolust und starkem Freiheitsstreben; das habe ich immer mitgetragen. Später kamen dann große Motorräder, viele Liebesverhältnisse, viele Sexualpartner. Ich wollte immer sehen, was möglich war.

Mein Name Nydahl geht auf ein Tal bei Oslo zurück. Ich wurde 1941 in Kopenhagen geboren. Mein Vater war Lehrer, während des Zweiten Weltkriegs im Widerstand gegen Nazi-

Deutschland. 1946 begann er, Lehrbücher zu schreiben, damit die Dänen wieder ermuntert würden, Deutsch zu lernen und man sich wieder miteinander verbinden konnte. Mit unseren Eltern hatten mein Bruder Björn und ich großes Glück; es waren starke, nette Leute, sehr philosophisch, sehr liberal. Selbst als dann die Zeit kam, in der Björn und ich häufig Krach hatten mit der Polizei wegen Schlägereien und Drogen, haben sie zu uns gestanden. Nach der Schule ging ich zur Armee. Ich dachte, wenn die Russen kommen sollten, würde ich dasein, um sie wegzuhalten. Ich war der Meinung, wenn man frei leben will, muß man auch seine Freiheit schützen können.

Nach der Militärzeit begannen die Reisen: innere Reisen mit Drogen und äußere Reisen nach Marokko. Afghanistan. Das war Mitte der sechziger Jahre. Unsere Hochzeitsreise führte Hannah und mich 1968 nach Nepal. 1969 sind wir zum erstenmal Karmapa begegnet. Wir sind fast zeitgleich mit ihm in Katmandu angekommen. Die Leute standen noch auf der New Road, als wir vorbeifuhren, und riefen: »Karmapa ist da!« Wir hatten von Karmapa zu jener Zeit einmal ein Bild gesehen und dachten: Wer ist dieser ein bißchen dickliche Mann? Dazu muß man wissen, daß seit dem 12. Jahrhundert der Gyalwa Karmapa Oberhaupt der tibetisch-buddhistischen Karma-Kagyü-Schule ist. Er hat spirituell den gleichen Status wie der Dalai Lama und führte noch vor diesem das Prinzip ein, sich nach seinem Tod bewußt wiedergebären zu lassen. Der 16. Karmapa, Rangchung Rigpe Dorje, mußte 1959 vor den chinesischen Invasoren ins indische Exil fliehen, wo wir ihm begegneten und 1969 seine ersten westlichen Schüler wurden. Er hat Hannah und mich autorisiert, im Westen zu lehren. 1981 starb er in Chicago. Sein Nachfolger, der 17. Karmapa, wurde Ende 1993 gefunden. Sein Name ist Thaye Dorje, er ist 1983 geboren und wird zur Zeit am »Karmapa International Buddhist Institute« in Neu-Delhi ausgebildet. Er lernt, mit Computer wie auch mit dem Internet umzugehen, hat Philosophieunterricht und erhält Belehrungen über das Wesen des Geistes.

14 von den insgesamt 17 Karmapas haben einen Brief hinterlassen, in dem sie mitteilten: In der Familie, zu der Zeit, an der Stelle, da könnt ihr mich finden. Drei haben mündliche Erklärungen gegeben. Aber das Besondere bei allen Karmapas ist, sie sagen immer: Ich bin es. Der 17. Karmapa, Thaye Dorje, hat schon als Kind gesagt, er sei Karmapa, und er hat es so sehr betont, daß seine Eltern ihn schlagen mußten und versteckten, denn die Chinesen waren schon im Begriff, ihm die Freiheit zu nehmen. Lama Tsechu Rinpoche hat das Kind gesehen, und als er den Raum betrat, in dem es bei seinem Vater, der auch Lama war, saß, sagte es sofort: Du kommst nicht, um meinen Vater zu sehen, sondern um meinetwillen. Kurze Zeit später bekam der Kleine ein Bild von mir in die Hände; er sah sofort, daß ich meinen Haarschnitt im Vergleich zu dem aus dem letzten Leben geändert hatte. Wie wir ihn letztendlich aus Tibet herausexpediert haben, darf ich nicht erzählen. Er mußte das Land verlassen, sonst wäre er mit Sicherheit von den Chinesen mißbraucht worden.

Hannah und ich erlebten auf unseren Reisen, die wir um 1986 innerhalb Tibets unternahmen, daß die Chinesen auf alle nur möglichen Weisen versuchten, das Selbstbewußtsein und die Kultur der Tibeter zu schädigen. Wir haben Lamas gesehen, die die Chinesen eingesetzt haben; die waren alle sehr anrüchig. Sie haben einen Mann, der in Mordanschläge verwickelt war, zum höchsten Lama von Osttibet gemacht, ihm einen weißen Mercedes gegeben, ihn herumfahren lassen als das offizielle Oberhaupt der Tibeter.

Neben Karmapa hatten wir auch andere Lehrer, zum Beispiel Kalu Rinpoche oder Lopön Tsechu Rinpoche. Wir holen ihn noch heute jedes Jahr einmal nach Europa. Er ist zwar um die Achtzig, aber er reist, gibt große Einweihungen, sein Wohnsitz ist im Katmandutal in Nepal. Der inzwischen verstorbene Kalu Rinpoche hat damals alle Leute aufgefordert, zölibatär zu leben. Er war lustig, wir mochten ihn. Aber ich konnte schon sehen, daß der Weg, den er nahm, so stark auf dem Zölibat basierte, daß das im Westen niemals funktionieren würde. Das würde kleinkirchenhaft und sektenhaft wirken und niemals wachsen. Das paßt nicht zum Computerzeitalter, zum Informationszeitalter, das paßt zu einem kleinen abgeschlossenen Tal in Osttibet. Wir haben die *Ngöndro*-Übungen von Kalu Rinpoche gelernt. Sie sind ein sehr effektives Mittel, um Schädliches zu entfernen und inneren Reichtum aufzubauen. Diese Verbeugungen, bei denen wir einen Aspekt der Erleuchtung als Licht und Energie in unserem Geist erstehen lassen, sein Mantra rezitieren und schließlich mit ihm verschmelzen, reinigen die inneren Energiebahnen, bauen Kraft und Vertrauen auf.

Leider mußten wir Nepal verlassen, da ein Polizist, den ich ein bißchen geschüttelt hatte, weil er sich schlecht benahm, Leiter der Visa-Abteilung wurde. Aber zu diesem Zeitpunkt hatten Hannah und ich bereits die Einladung von Karmapa und fuhren nach Sikkim, weiter östlich durchs Himalajagebirge.

Karmapa war die große Nummer eins. Wenn er lachte, konnte man es fünf Häuser weiter hören, wenn er in einen Raum kam, war die Schwingung so stark, daß alle Leute allmählich an die Wand gedrückt wurden. Eine riesige Kraft ging von ihm aus, es war ein menschliches Atomkraftwerk, dem wir hier zum erstenmal begegneten.

Was ist die Essenz von Karmapas Lehre? In erster Linie geht es um Freude. Wir sind ja ein Erfahrungsweg. Wir sagen ganz deutlich, daß höchste Wahrheit gleich höchste Freude ist. Wer leidet, hat Fehler gemacht, deswegen leidet er. Eine Ausnahme ist Jesus von Nazareth, der das Leiden anderer freiwillig auf sich nahm. Raum ist Freude, der Geist klares Licht, offen wie der Raum, leuchtend, klar, ohne jede Grenze. Diese Dinge, die man mehr und mehr erfährt in der Meditation, die man erst von außen her angedeutet bekommt und dann von innen her erlebt, immer stärker kommt es in einem hoch, das ist es, worum es hier tatsächlich geht.

Wir gehen von drei Ebenen aus: Auf der ersten versuchen wir durch Achtsamkeit eigenes Leid zu vermeiden. Da achtet man auf Ursache und Wirkung. Dann hat man eine innere Gefühlsebene, auf der man Mitgefühl und Weisheit entwickelt. Die letzte und wichtigste Ebene beinhaltet, daß man die passende Sicht entwickelt: daß man Raum nicht als schwarzes Loch oder als gefährlich bzw. bedrohlich erfährt. Raum ist Freude, ist Möglichkeit, Freiheit. Wesentlich ist, daß man das, was zwischen den Gedanken ist und hinter ihnen, daß man das, was die Gedanken weiß und versteht, als spannend und sinnvoll erlebt. Das ist das wichtigste. Mit anderen Worten: Man muß lernen, die äußere Welt als einen gemeinsamen Traum zu sehen, wo sehr viele eigene Träume hin und her laufen.

Ich habe immer wieder erlebt, daß wir alle von ganz viel Segen, von ganz viel Wahrheit und erleuchteter Energie umgeben sind. Wenn wir diesen Kräften eine Möglichkeit geben, uns zu helfen, weil wir ihnen gegenüber offen sind, können sie das auch tun. Ich denke, der Raum ist Liebe, was die Atome zusammenhält, ist Liebe, was sie schwingen läßt, ist Freude. Nach meiner Vorstellung kann es nicht wirklich Böses oder absolut Schlechtes geben. Das würde sich selbst zerstören. Die Energie, die man in die Welt abgibt, bekommt man zurück. Ich scheide die Dinge, die auf der Welt geschehen, nicht in die Kategorien gut und böse, ich sehe statt dessen mehr Weisheit oder mehr Dummheit. Dummheit ist eine sehr überzeugende Ursache für viele Leiden in der Welt. Und je weiser man wird, um so sinnvoller handelt man zum Besten von anderen und von sich selbst.

Ich habe niemals in meinem Leben Zweifel empfunden. Ab und zu habe ich mich gefragt: Wie? Aber ich habe niemals gedacht: Warum? Ich habe immer gewußt, es würde alles ganz richtig kommen und ich würde das finden, was ich zu tun habe. Ich habe niemals Ängste gehabt, Todesängste. Ich bin Fallschirm und Bungee gesprungen, bin wohl so etwas wie ein natürlicher Held. Sehr viele meiner Schüler haben bereits oder entwickeln sehr schnell ähnliche Eigenschaften, wie ich sie habe. Das liegt einerseits möglicherweise daran, daß viele von uns im letzten Leben den Chinesen Pferde geklaut haben im östlichen Tibet. Ich denke, daß viele meiner Jungs im letzten Leben meine Mitschützer waren oder meine Soldaten. Ähnliches zieht Ähnliches an. Man begegnet sich, weil man Antennen hat, die in dieselbe Richtung gehen. In allen meinen 200 Zentren rund um die Welt sind es immer die frischen, spannenden, begeisterungsfähigen, erlebnishungrigen, engagierten Leute, die zu mir finden, junge und alte. Die anderen halten das nicht aus. Es ist der Laienbuddhismus, der hier lebt, im Unterschied zu den Mönchs- und Nonnenbuddhisten. Im Buddhismus hat man keine Schwierigkeiten mit dem Körper, hegt nicht die Vorstellung, daß er sündig wäre oder ähnliches. Er ist eher ein Werkzeug, ein Mittel, das man einsetzen kann. Ich erhalte mir meine persönliche Spannkraft, indem ich jede Nacht liebe. Meine Eltern haben das auch getan; es liegt wohl in unserer Familie, gehört zu unserem natürlichen Lebensausdruck. Ich sehe meine Aufgaben darin, den Leuten beizubringen, was sie an Möglichkeiten haben, was sie tun können. Ich zeige ihnen, wie toll sie sind. Das ist die Arbeit der Lamas. Sie macht mir Freude. Meiner Ansicht nach brauchen wir noch mehr buddhistische Ausrichtungen. Das Besondere am Buddhismus ist seine Klarheit und daß jeder hineingehen und etwas finden kann, was ihm hilft.

Zwischen Rhein und Wladiwostock befindet sich das Gebiet, wo ich am liebsten lehre. Es liegt eine große Kraft darin, als Volk gewachsen zu sein und eine gemeinsame Geschichte zu haben. Ein Land wie Amerika hat zwar hohe Ideale, ist aber zusammengehalten vom Dollar und von der Polizei. Man fährt durch Los Angeles, und da sind vierzig verschiedene Sprachzonen aus vierzig Teilen der Welt, die kein Englisch sprechen, auf den Universitäten strebt alles auseinander: die

Schwarzen hier, die Weißen dort, die Gelben und Braunen wieder woanders.

1975/76, als ich begann, in Deutschland zu lehren, reiste ich auch regelmäßig nach Polen. Viele meiner Schüler und Freunde waren bei *Solidarnosc*. Der Versuch, möglichst unberührt durch den Staat zu leben, hat bei vielen Menschen ein reiches Innenleben hervorgebracht. Und auch jetzt, wo sie sich dem allgemeinen Kapitalismus und der Verbrauchswelt anschließen, spürt man diese Qualitäten immer noch.

In Rußland gibt es nur Häuptlinge, keine Indianer. Man muß in der Arbeit die Leute immer wieder zu Indianern machen. Jeder denkt daran, einen Platz in irgendeiner Hierarchie zu ergattern, und ich sage ihnen, es geht überhaupt nicht um die Hierarchie, es geht um die Arbeit.

Ich war auch in Ostdeutschland, als die Mauer noch stand. Was die Deutschen auch machen, das machen sie effektiv. Und wenn sie eine Hölle machen, ist es eine richtige Hölle. Ich habe damals ein paar Leuten Zuflucht gegeben, sie beim Trampen mitgenommen und ihnen dann irgendwo in einem Wald, wo keiner uns sehen konnte, Meditieren beigebracht. Das war das einzige, was man machen konnte. Und immer saure Vopos auf dem Weg rein und auf dem Weg raus. Das hat mir überhaupt nicht gefallen, das war echt grau. Da traf das Schlimmste zusammen: das christlich geprägte schlechte Gewissen und der planökonomische normierte Kommunismus. Man fühlt sich jetzt besser dort, aber die Ostdeutschen lecken noch immer an ihren Wunden, denke ich.

Wenn ich heute reise, sehe ich zwei sehr große Gefahren. Zum einen den Islam, zum anderen die Überbevölkerung. Ich mag die Menschen überall auf der Welt, finde bei allen etwas Schönes und Spannendes. Aber wenn man so lebt, daß man verhungert, daß man krank ist, daß man keine Ausbildung hat, dann ist das nur Quantität und nicht Qualität. Und ich wünsche mir den Tag, wo man durch Afrika fahren könnte, und die Menschen dort hätten alle ein kleines Haus, vielleicht ein kleines Auto, eine ordentliche Gesundheit. Das geht nur, wenn sie ein Zehntel der Kinder haben.

Ich empfehle immer, ganzheitlich zu arbeiten, würde mit Äußerlichkeiten anfangen, also zum Beispiel aufpassen, nicht zu viele Sachen zu tun, die zu schwierig sind, die einen überfordern, aus dem Gleichgewicht bringen. Das ist das erste. Das zweite ist die Einstellung: Mitgefühl und Weisheit. Mitgefühl entwickeln, bis man wirklich die Sachen für andere tut. Weisheit und Verstehen sind wie ein Traum, alles ist bedingt, bleibt nicht, entsteht, ändert sich und löst sich wieder auf. Alles gleicht einem gemeinsamen Traum mit vielen eigenen Träumen innendrin. Und schließlich erreicht man die höchste Sicht. Sie beinhaltet, daß alle Menschen Buddhas sind, dies nur noch nicht erkannt haben, und daß man nicht sterben muß, um in ein Reines Land zu gehen. Man muß nur die eigenen Augen säubern. Dann erkennt man die Fähigkeiten der Menschen, und außerdem wird man selbsttätig die Art von Leben finden, nach dem man eigentlich auf der Suche war.

Es gibt unterschiedliche Arten von Weisheit. Es gibt die Weisheit, die mit Begriffen zu tun hat. Und dann gibt es die Weisheit, die auf den Geist selbst zielt, die den Geist zeigt, wie er selber ist, und diese Weisheit hat mit Zeitlosem zu tun und ist deswegen auch etwas Dauerhaftes. Wenn man die erfährt, verliert man sie nicht wieder. Es gibt so etwas wie einen Spiegel hinter den Bildern. Wir reden jetzt, aber wir wissen auch, daß wir reden. Wenn das, was weiß, sich selber erkennt, wenn das Auge, statt nur nach außen zu schauen, in den Spiegel guckt und sich selber sieht, dann entsteht zuerst Furchtlosigkeit, weil der Raum unzerstörbar ist. Dieses Gefühl macht einen sehr froh. Es entsteht Freude, weil man sieht, daß das, was furchtlos ist, auch reich ist und ganz vieles enthält, und zuletzt entsteht dann auch Unbegrenztheit, entsteht Liebe, weil man den eigenen Wunsch nach Glück nicht von dem Glück der anderen trennen kann.

Ich lehre bewußtes Sterben, die Befreiung im Augenblick des Todes. Das ist wohl das Wichtigste, was ich mache. Ich habe die *Phowa*-Praxis jetzt 25 000 Menschen rund um die Welt beigebracht. Unser Bewußtsein hat zwei Seiten: Es hat die Fähigkeit, zu wissen, und es hat die Fähigkeit, zu tun. In seiner Wissensnatur ist es wie der Wasserdampf. Es ist allesdurchdringend, es ist überall. In seiner spielerischen Freudennatur wird es wie die Wolken, die vorbeiziehen, man erlebt, man sieht etwas, und in seiner Tatnatur kommt es herunter wie Regen und läßt alles wachsen.

Um sterben zu lernen, lohnt es sich, den Geist auf die Ebene der Energie zu bringen. Wasserdampf von hier nach da zu bewegen ist schwierig, Wolken auch, aber haben wir das Wasser, ist es leicht von hier nach da zu bringen. Durch eine bestimmte Meditation verdichtet man den Geist in seine Energienatur, und man verwendet diesen verdichteten Zustand, um das Bewußtsein immer wieder durch den Körper hochzuschleudern, bis er durch die Schädeldecke geht. Die Plus-Minus-Achse des Menschen fängt vier Finger unterhalb des Bauchnabels mitten im Körper an und endet ungefähr acht Finger hinter der ursprünglichen Haarlinie. Man macht eine gewisse Meditation, die ich geheimhalte, bis man die Vorbereitungen erlernt hat; man lernt, sich das eigene Bewußtsein in einem inneren Energierohr vorzustellen, und oberhalb des Kopfes ist das, wo man gerne hinwill: der Zustand von höchster Freude und voller Freiheit, die man verwirklichen will. Und dann lernt man durch gewisse Geräusche, das Bewußtsein stufenweise hochzuschicken, bis es oben im unteren Schädel gesammelt ist. In diesem Moment schießt man es mit einem harten Laut nach oben in das Herz des Buddhas den wir oberhalb von uns visualisieren, und dort bleibt man einige Zeit und kommt dann herunter. Das tut man, bis das deutliche Zeichen auf dem Kopf entstanden ist (Riß in der Kopfhaut und Blutfleck, *d.V.*), und dann wird man auch wissen, wie zu sterben ist, dann wird alles passen.

Die meisten, die diese Übung praktiziert haben, sagen, die Todesangst sei hinterher weg. Sie erleben große Zustände von Freude. Hinterher kann man dann seine Ichs oder seine Persönlichkeiten auswählen, wie man will. Dann ist man nicht mehr wie der Mann mit einem Schlips, man ist wie der Mann mit hundert Schlipsen. Man kann von dieser Ebene der Freiheit denken: Jetzt kann ich den Leuten nützen, indem ich dies oder jenes tue. Das Leben sieht dann ganz anders aus.

Die sogenannten »Reinen Länder« sind Zustände höchster Freude und Erfüllung, wo alles erlebt wird, was man erleben möchte. Die klassischen Erklärungen des Buddhismus hierzu sind sehr sinnlich. Sie nennen riesige Mengen von Strahlen und schönen Juwelen, Wasser mit acht vollkommenen Eigenschaften, eine selbsttätige ständige Erfüllung aller Wünsche. Der Zustand ist sehr stark; ich empfinde ihn oft als sehr physisch. Da ist so viel Energie im Herzen, daß ich die Arme zur Seite strecken muß. Und wenn kein Körper mehr da ist, der einen blockiert, wird der Zustand zehnmal stärker.

Zusammenfassung

Der Diamantweg, den Ole Nydahl lehrt, zielt auf Erleuchtetwerden im Hier und Jetzt. Er arbeitet mit Licht- und Energievisualisationen, die Zustände von Freude und geistiger Freiheit wecken. Es gibt den kleinen Weg, wo man vor allem der eigenen Befreiung zustrebt, *Hinayana* genannt. Dann gibt es den großen Weg *(Mahayana)*, auf dem man vor allem Mitgefühl und überpersönlicher Weisheit zustrebt, und dann gibt es den Diamantweg *(Vajrayana)*, wo man vor allem mit der Sicht arbeitet, mit Licht, Energie und Mantra-Rezitation. Man geht von dem Verständnis aus, daß die Buddhanatur in jedem Menschen angelegt ist. Dies zu erkennen und zu leben mit Hilfe von Tantra-Meditation ist der Diamantweg, den Ole Nydahl lehrt.

4
Christine Longaker

Den Tod nicht als schmerzlichen Endpunkt des Lebens zu sehen, sondern als Spiegel, in dem unser Leben reflektiert wird und als Chance zur Transformation im Hier und Jetzt, das lehrt die Amerikanerin Christine Longaker in Seminaren und Retreats seit 1986. Die Schülerin des berühmten tibetischen Lamas Sogyal Rinpoche wurde im Alter von 24 Jahren Witwe. Zwischen 1977 und 1984 war sie Mitbegründerin und später Präsidentin des ersten Hospizes in Santa Cruz in Nordkalifornien. Sie machte während dieser Zeit die Erfahrung, daß sich ihre betreuerische Arbeit mit Sterbenden und deren Angehörigen sehr gut mit der Weisheitslehre des Buddhismus verbinden läßt. Christine Longaker ist seit vielen Jahren enge Mitarbeiterin Sogyal Rinpoches und seit 1993 damit befaßt, innerhalb der Rigpa-Organisation ein Programm aufzubauen, das sie »Ausbildungs- und Trainingsprogramm für spirituellen Beistand« nennt. Sie lebt zur Zeit im tibetischen Zentrum Lerab Ling, Südfrankreich.

Porträt

Ich treffe Christine Longaker im Kamalashila-Institut für Buddhistische Studien in der Eifel, wo sie mir die Geschichte ihres Lebens erzählt. Sie beginnt:

Ich bin in Südkalifornien geboren, in Long Beach, als viertes von insgesamt fünf Kindern. Meine Eltern waren Katholiken; von ihnen lernte ich früh, andere Menschen zu respektieren und anzuerkennen, daß das Leben ein Geschenk ist und daß man es auf gute Weise nutzen soll. Ich denke, erwachsen zu werden bedeutet für jeden Menschen, seinen eigenen Weg in der Welt zu finden, aber wenn wir älter werden, schauen wir gelegentlich zurück auf unsere Ursprungsfamilie und versuchen, Frieden mit unserer Herkunft zu schließen. Das Aufeinanderfolgen der einzelnen Generationen zu beobachten und zu verstehen war für mich ein heilsamer Prozeß, weil ich begriff, was wir im Leben alles lernen müssen, welche Schwierigkeiten wir zu überwinden haben in jeder Phase unseres Daseins. Schon als Kind habe ich sehr gern das innere Wesen der Dinge erforscht, fühlte Distanz zwischen Menschen als etwas Schmerzliches, sah, welches Leiden dadurch entstand, daß Menschen sich voreinander verschlossen, abkapselten. Ich wünschte mir, daß wir einander mit mehr Liebe begegnen könnten, wie Christus es so klar vorgelebt hat. Diese allumfassende, uneingeschränkte Liebe inspirierte mich, doch hatte ich das starke Gefühl, daß die meisten Menschen diese Botschaft nicht mitbekamen.

Ich wuchs auf wie andere Jugendliche auch, las gern, hatte Hobbys, aber da war dieses Gefühl, was ständig zurückkam: daß ich nirgends so richtig hineinpaßte. Was anderen wichtig war, blieb oft ohne Bedeutung für mich, und auch umgekehrt konnten andere dem, was mir wichtig erschien, oft nicht viel abgewinnen. Als Teenager interessierte ich mich für philosophische Themen, durchforschte alle Bücher, die ich in der Bibliothek dazu finden konnte, denn ich hatte eine Ahnung, daß das Leben über das, was ich in Elternhaus, Schule und Kirche lernte, hinausging. Ich suchte nach einer tieferen Bedeutung der Dinge, über die niemand jemals zu mir sprach. Als ich dann älter wurde, entdeckte ich die Diskrepanz zwischen dem, was Leute sagten, und der Art und Weise, wie sie lebten. Das störte mich, und ich fühlte ebenfalls deutlich, daß die christlichen Rituale, wie sie in der Kirche praktiziert wurden, ihre lebendige Bedeutung verloren hatten. Meine Geschwister und ich weigerten uns, ab dem Zeitpunkt, wo wir dies erkannten, weiter zur Kirche zu gehen, doch unser Vater bestand darauf.

Als ich aufs College kam, suchte ich noch immer stark nach einem Weg, um mich spirituell zu entwickeln. Ich schätzte Liebe und Mitgefühl, die Christus für mich verkörperte, erkannte jedoch, daß die Kirche mich nicht zu dieser Stufe des Altruismus führen konnte. Deshalb begann ich andere spirituelle Traditionen zu erforschen, um mich spirituell weiterzuentwickeln.

Meinen Beruf als Lehrerin im Bereich Tod und Sterben habe ich mir nicht ausgesucht. Der Beruf wählte vielmehr mich. Als mein Mann an Leukämie erkrankte, waren wir uns beide darüber im klaren, daß er sterben würde. Ich war damals 23, hatte keine Ahnung, was auf mich zukommen würde. In diesem ersten Jahr seiner Krankheit las ich einen kurzen Artikel über die Hospizbewegung. Sie hatte eben erst begonnen; es gab damals vier Hospize in den USA. Wir sprachen darüber und ich fragte ihn: »Würdest du es nicht vorziehen, zu Hause zu sterben?« Er antwortete: »Ja, aber ich bin mir nicht sicher, ob ich mit den Schmerzen klarkommen werde und ob es dich nicht zu sehr belastet.« In diesem Jahr wurde mir klar, daß er unnötig viel litt; wir beide litten, ohne die Hilfe und Unterstützung zu haben, die wir gebraucht hätten.

Andererseits hatten wir auch Glück. Das Krankenhaus, in

dem er behandelt wurde, hatte eine eigene Abteilung für Leukämiekranke. Die Krankenschwestern kümmerten sich aktiv um die Patienten und ihre Familien. Sie glichen Familienangehörigen in der Intensität ihrer Anteilnahme und Fürsorge; sie lachten und weinten mit uns. Die Besuchszeiten auf dieser Station waren flexibel, man konnte auch nachts kommen, durfte Kinder mitbringen, selbstgemachtes Essen mitbringen. Sie installierten sogar eine Apotheke auf der Etage, um schmerzstillende Mittel schneller zur Verfügung zu haben. Alles war auf die Bedürfnisse der Patienten ausgerichtet, ähnlich wie in einem Hospiz.

In anderen Abteilungen derselben Klinik lagen die Patienten die meiste Zeit isoliert in ihren Betten. Das erfuhren wir dadurch, daß mein Mann gelegentlich auch dort behandelt wurde. Der Unterschied, was die Pflege anging, war dramatisch.

Wir hatten viele Schwierigkeiten, aber auch viele gute Erfahrungen in diesem Jahr. Grundsätzlich entschieden wir uns dafür, die Tatsache seines Sterbens als Geschenk anzunehmen, zu sehen, was es uns lehren und zu unserer Beziehung beitragen konnte, anstatt die Krankheit als grausame Tragödie zu sehen, die unser gemeinsames Leben zerstören würde. Das Geschenk, das wir durch diese Sicht erhielten, war, daß wir unsere Beziehung nicht länger als Selbstverständlichkeit betrachteten; wir begriffen, wie kostbar Leben ist. Wir lernten, Dinge loszulassen, einander zu vergeben und besser miteinander zu kommunizieren. Wir lernten in diesen harten Monaten, wirklich füreinander zu sorgen und uns gegenseitig zu helfen. Nachdem mein Mann gestorben war, fühlte ich mich eine Weile zwar traurig, aber ansonsten ganz in Ordnung, dann – plötzlich – traf mich der volle Schmerz über seinen Verlust. Er dauerte Jahre, zog mich fast mit sich fort. Ich wußte lange Zeit nicht, ob ich ihn je überwinden könnte, ich konnte und wollte mir nicht vorstellen, eventuell noch einen weiteren Verlust dieser Art zu überleben. Gegen Ende meiner Trauerperiode begann ich zu erkennen, daß ich nicht allein war, daß zahllose andere Menschen Kummer und Trauer durchlitten, genau wie ich selbst.

Es gibt die von Buddha überlieferte Geschichte von einer Frau namens Krisha Gotami. Sie handelt von einer jungen Frau, deren einziges Kind starb. Sie ging weinend mit seiner Leiche in den Armen umher, wollte alles tun, um es wieder zum Leben zu erwecken. Der Buddha sagte zu ihr: »Es gibt nur ein Mittel gegen dein Leid: Geh hinunter in die Stadt, und bring mir ein Senfkorn aus einem Haus, in dem es noch nie einen Todesfall gegeben hat.« Sie klopfte an zahllose Haustüren, und sie erkannte allmählich, daß sie nicht die einzige war, die einen schweren Verlust durch das Eingreifen des Todes erlitt, daß dies eine unausweichliche Gegebenheit eines jeden Lebens ist. Da brachte sie den Leichnam ihres Kindes zum Friedhof und kehrte zum Buddha zurück. »Hast du die Senfsamen?« fragte er sie. »Nein«, antwortete sie, »nun beginne ich zu verstehen, was Ihr mich lehren wolltet. Trauer hat mich geblendet und mich glauben lassen, nur ich allein hätte unter dem Zugriff des Todes zu leiden.« Und sie wandte sich dem Buddha und seiner Lehre zu.

Wenn ich an meine eigene Zeit der Trauer nach dem Tod meines Mannes zurückdenke, erinnere ich mich an ein überwältigendes Gefühl der Hoffnungslosigkeit und totalen Einsamkeit. Keiner schien mir helfen zu können. Damals war ich Atheistin, glaubte an überhaupt nichts. Ich begann mich zu fragen, ob Selbstmord der einzige Ausweg aus diesem Schmerz sei, wußte aber gleichzeitig, daß es das nicht war, da ich ja meinen kleinen Sohn großziehen mußte. Irgendwann begann ich zu beten. Ich sagte mir: »Keine Ahnung, ob da jemand ist, der mir zuhört, aber ich brauche Hilfe, ich schaffe es nicht allein.«

Eines Tages erinnerte ich mich an eine Fotografie, die während des Vietnamkrieges aufgenommen und überall publiziert worden war. Es war das Bild einer jungen Mutter, die ihr totes Kind in stummer Anklage gegen den Himmel hebt. Als dieses Bild vor meinem inneren Auge erschien, reagierte ich wie Krisha Gotami; ich wußte: Ich bin nicht allein, viele gehen durch diese Erfahrung. Mein Herz öffnete sich dem Leid dieser Mutter, und in diesem Augenblick traf ich in meinem Inneren die Entscheidung, einen Weg zu finden, meine Trauer zu heilen, mich selbst zu heilen, und wenn dies geschehen würde, auch anderen zu helfen, ihr Leiden zu überwinden. Ich kehrte zum Glauben meiner Kindheit zurück, den ich irgendwann aufgegeben hatte, erinnerte mich an Jesus Christus, an seine Liebe, meditierte manchmal darüber. Die Geschichte von Krisha Gotami war mir damals noch unbekannt, doch ich wußte: In Zukunft werde ich meinen Sohn verlieren – durch seinen oder meinen Tod –, ich werde diesen Schmerz wieder und wieder erleben müssen. Ich bete und in mir entstand der Wunsch, frei zu werden von diesem Schmerz – jetzt und für alle Zeit. Ich bete für einen spirituellen Weg und einen Lehrer, der mir helfen würde.

Sechs Monate nach dem Tod meines Mannes zog ich nach Nordkalifornien, um an der Universität von Santa Cruz meinen Abschluß zu machen. Ich hatte das Gefühl, in eine richtige Gemeinschaft zu kommen, eine Stadt, wo Leute sich kennen und umeinander kümmern. Ich wollte Teil dieser Gemeinschaft werden. So suchte ich nach Arbeitsmöglichkeiten neben dem Studium. Von Freunden hörte ich, daß einige Leute einen Hospiz-Heimpflegedienst eröffnen wollten. Ich dachte: Damit hast du ja schon Erfahrung; vielleicht hilft dir diese ehrenamtliche Arbeit auch persönlich weiter. Ich ging hin, ließ mich einarbeiten und begann, Leute zu pflegen, folgte in der übrigen Zeit meinen Seminaren; im Hauptfach studierte ich Soziologie. Der Akzent lag auf sozialen Veränderungen innerhalb von Kommunen und Gemeinden. Wir untersuchten, welche gesellschaftlichen Kräfte oder Organisationen daran mitwirken, eine Gesellschaft zu verändern. Aufgabe war, einer solchen Organisation beizutreten und festzustellen, wie sie im unmittelbaren gesellschaftlichen Kontext funktionierte, und aktiv daran mitzuwirken, daß sie erfolgreich arbeitete. Diese Aufgabenstellung entsprach genau meinem Bedürfnis nach praktischem Engagement, da ich nicht daran interessiert war, jede Menge theoretischer Studien zu absolvieren, die mich am Ende in irgendeinen staubigen Betrieb führen würden.

Ich konnte also meine Arbeit im Hospiz zum Gegenstand meiner wissenschaftlichen Arbeit machen. Als Abschlußarbeit schrieb ich ein Handbuch zur Pflege von Sterbenden. Es war sozusagen die Urfassung meines Buches *Dem Tod begegnen und Hoffnung finden*. Meine Lehrer drängten mich, es zu veröffentlichen. Ich hatte aber das Gefühl, daß es noch zu früh dafür sei. Zu diesem Zeitpunkt hatte ich Sogyal Rinpoche bereits kennengelernt und erkannt, daß der Bereich des Todes und Umgangs mit Sterbenden ein riesiges Feld ist, wo ich eben die ersten Schritte unternommen hatte. Im Rahmen der Ausbildungsarbeit wurde ich gelegentlich gebeten, vor den Auszubildenden im Hospiz von Santa Cruz und später auch im College zum Thema Sterben aus meiner eigenen Erfahrung zu berichten. Ich ahnte damals nicht, daß einmal ein Beruf daraus entstehen würde.

Das alles fand in den späten siebziger und Anfang der achtziger Jahre statt. Ich besuchte die verschiedenen Zentren, die Wege zur spirituellen Entwicklung anboten, probierte verschiedene Formen der Praxis und Meditation aus. Santa Cruz war damals ein Mekka aller möglichen spirituellen Angebote aus allen Bereichen: Innerhalb der buddhistischen Bewegung gab es eine Theravada-Gruppe, die Vipassana lehrte, es gab eine Gruppe um Stephen Levine, es gab ein Zen-Zentrum, innerhalb der tibetischen Linie des Buddhismus gab es eine Kagyü-, eine Gelugpa- und eine Nyingma-Gruppe.

Ich lernte Sogyal Rinpoche kennen, bevor ich ihm persönlich begegnete: Im Jahr, als mein Mann starb, bekam ich mit, daß es einige Neuerscheinungen zum Thema Tod und Sterben auf dem Buchmarkt gab. Ich vermied damals, sie genauer anzusehen, denn, wie viele Menschen, folgte ich einer Art Aberglauben, daß, wenn ich ihn nur stark genug ausblendete, der Tod meines Mannes nicht eintreten würde. Ich mied das Thema, aber dann entdeckte ich in einer psychologischen Zeitschrift einen Artikel über Nahtod-Erfahrungen und das Weiterleben des Bewußtseins nach dem Tod. Ich las diesen Artikel mit Interesse. Auf derselben Seite, in Form einer Kolumne, war ein weiterer Artikel über die buddhistische Lehre der Tibeter abgedruckt, der nicht nur die Art der Erfahrungen des Bewußtseins während des Sterbeprozesses und danach beschrieb, sondern auch wie wir jemanden, der stirbt, spirituell begleiten und unterstützen können. Der Autor, Daniel Goleman, fragte Sogyal Rinpoche: »Wenn Sie aus Ihrer tibetischen Tradition jemandem im Westen, der einen geliebten Angehörigen sterben sieht, den wichtigsten Rat aus Ihrer Tradition geben sollten, wie würde er lauten?«

Sogyal Rinpoche antwortete: »Gib dem Sterbenden all deine Liebe, und laß ihn gehen. Und zweitens: Welcher spirituellen Richtung der Sterbende auch immer angehören mag, ermutige ihn, seine Praxis regelmäßig auszuüben, um sich auf den Tod vorzubereiten, denn der Tod ist ein so wichtiger Übergang, eine so kostbare Gelegenheit.« Und er erzählte folgende Geschichte:

»Es war einmal eine alte Nonne, die im Sterben lag; sie hatte ihr Leben lang praktiziert. Gegen Ende ihres Lebens konnte sie nicht mehr sprechen; sie war sehr schwach. Ihre Familie schickte nach einem Meister, der in der Nähe lebte. Er sollte die spezielle Praxis, ihr Bewußtsein im Augenblick ihres Todes zu leiten, ausüben. In der Zwischenzeit ereignete sich folgendes: Der alte Koch dieses Haushalts, der sehr weise und eine Art geistiger Mentor für die sterbende alte Frau gewesen war, hörte, daß sie nicht mehr lange zu leben hatte. Er ging in ihren Raum, weckte sie aus ihrer Lethargie und sagte zu ihr: ›Ani Rilu, jetzt ist die Stunde gekommen, um derentwillen du dein ganzes Leben praktiziert hast. Nun konzentriere dich auf die Hauptlehren, auf die Ratschläge, die deine Lehrer dir für diesen Augenblick gegeben haben. Mach dir keine Sorgen um uns; uns geht es gut. Konzentriere dich jetzt nur auf deine Praxis.‹ Und er sagte: ›Die Läden haben eben geöffnet, und ich gehe jetzt einkaufen für das Mittagessen. Wenn ich zurückkomme, wirst du vielleicht nicht mehr hier sein. Also, leb wohl, Ani.‹ Und er winkte ihr zu und lächelte sie an. Sie konnte nicht sprechen, lächelte aber zurück und nickte ihm ihren Abschiedsgruß zu.«

Als ich diese Geschichte las – es war mein allererster Kontakt mit der tibetisch-buddhistischen Lehre –, war ich überrascht, wie leicht es für einander so Nahestehende zu sein schien, loszulassen, und auch welch tiefes Vertrauen, welche Liebe zwischen ihnen war. Sie wußten, daß im Moment des Todes der spirituelle Weg wichtig war, nicht daß sie einander nah gewesen waren. Die Geschichte schockierte mich, dann vergaß ich sie für eine Weile. Sechs Monate später stand mein Mann an der Schwelle zum Tod. Ich fühlte mich hilflos und fragte mich: Was kann ich jetzt noch für ihn tun? Die Schwestern kümmerten sich um seine körperlichen Bedürfnisse. In diesem Augenblick kam diese Geschichte zurück zu mir, und ich dachte: Vielleicht ist das, was ich jetzt tun kann, wirklich, ihm all meine Liebe zu geben und ihm auf Wiedersehen zu sagen, ihm begreiflich zu machen, daß er in Frieden gehen kann, ohne sich um mich zu sorgen. Das tat ich.

Während dieses Augenblicks war mir bewußt, daß ich den zweiten Teil des Ratschlags nicht ausführen konnte, da keiner von uns beiden einer spirituellen Praxis gefolgt war. Als ich ihn tot auf seinem Bett liegen sah, wurde mir klar, daß auch ich eines Tages auf meinem Totenbett liegen würde. Ich war damals 24 Jahre alt und dachte, wenn es bei mir soweit sein sollte, will ich wirklich wissen, was es mit dem Tod auf sich hat und wie ich mich schon zu Lebzeiten darauf vorbereiten kann und auf das, was danach kommt. Diese Entscheidung war der Anfang meines spirituellen Weges.

In Santa Cruz dann, als ich nacheinander all die unterschiedlichen spirituellen Schulen besuchte, fühlte ich, daß keine von ihnen wirklich für mich geeignet war. Ich wußte, ich brauchte etwas, das für mich als Westlerin geeignet ist, das sich auf das gesamte Leben bezieht, ohne daß ich alles Bisherige aufgeben muß.

Während meiner Hospizarbeit kam eines Tages, es war im Jahr 1980, eine der Freiwilligen auf mich zu, sie hieß Dorothee, und sagte: »Es gibt da diesen tibetischen Lama, der über das Thema Tod und Sterben lehrt auf der Grundlage des tibetanischen Totenbuchs. Ich finde, wir sollten ihn einladen, auch hier im Hospiz darüber zu lehren.« Ich reagierte zunächst skeptisch, meinte, die östlichen Religionen seien für unsere Kranken ungeeignet, all dieses komplizierte Visualisieren sei unserer Kultur zutiefst fremd; außerdem kämpften wir um Anerkennung innerhalb des öffentlichen Gesundheitswesens, das uns ohnehin noch als Außenseiter betrachtete.

Damals hörte ich an der Uni einen Vortrag von Sogyal Rinpoche, der mich tief bewegte, und einen weiteren einige Tage später. Mir fiel auf: Alles, was er zum Thema Tod und Sterben und zum Prozeß des Sterbens sagte, hatte ich auch selbst beobachtet. Da war nichts Mystisches oder Esoterisches. Er sprach über spirituelle Fürsorge und die Praxis des essentiellen *Phowa*, die jeder für einen anderen Menschen, der im Sterben liegt, ausführen kann. Er zeigte auch, daß diese essentielle Phowa-Praxis nicht nur für Buddhisten geeignet war, sondern auch für Christen und Angehörige anderer Religionen. Ich fühlte, daß ich ein großes Geschenk erhalten hatte. Ich verstand, was gemeint war, und wußte, daß ich dieses neue Wissen auch anderen Menschen vermitteln konnte.

Dann erzählte Sogyal Rinpoche die Geschichte vom Sterben seiner Tante Ani Rilu, die ich zwei Jahre zuvor mit so großem Interesse in der psychologischen Zeitschrift gelesen hatte, ohne zu wissen, woher sie stammte. Und ich begriff: Diese Lehre und dieser spezielle Lehrer hatten mir in der Vergangenheit bereits geholfen. Ich bat Sogyal Rinpoche, nach Santa Cruz zurückzukommen und uns weitere Belehrungen zu geben. Dann begann ich selbst, immer mehr öffentliche Vorträge zum Umgang mit Sterbenden zu halten, denn es gab ein großes gesellschaftliches Bedürfnis, mehr zu diesem Thema zu erfahren. Ich fragte die Leute, ob ich ihnen das, was der tibetische Buddhismus dazu beiträgt, vermitteln sollte, und Sogyal Rinpoche autorisierte mich Schritt für Schritt dazu, dieses Wissen weiterzugeben.

Über sieben Jahre half ich mit, das Hospiz in Santa Cruz zu gründen und aufzubauen, dessen Direktorin ich schließlich wurde. Während dieser Zeit lud ich Sogyal Rinpoche häufig ein, Kurse, Vorträge und Retreats innerhalb der USA zu geben. Unter seiner Leitung gründete ich die Rigpa-Organisation in den USA. 1993 bat Sogyal Rinpoche mich, innerhalb von Rigpa ein Ausbildungs- und Trainingsprogramm für spirituellen Beistand aufzubauen. Es geht in diesem Programm darum, die Mitgefühls- und Weisheitslehren des tibetischen Buddhismus in unser modernes Gesundheitswesen zu integrieren, und ich hoffe, daß eines Tages jeder von uns die Möglichkeit hat, weitgehend schmerzfrei in einer Atmosphäre von Mitgefühl und Fürsorge zu sterben.

Seit 1986 werde ich regelmäßig eingeladen, in Europa zu lehren. Beim Kongreß »Sterben, Tod und Leben« in München im November 1996 fragte ich die etwa tausend Anwesenden: Wer von Ihnen ist im sozialen Bereich tätig? Nahezu jeder hob den Arm. Es war wie eine Erfüllung meines Wunsches, daß die Menschen erreicht würden, die diese Lehren brauchen und dazu beitragen können, unnötiges Leiden zu vermeiden.

In Amerika gibt es die Hospizbewegung seit 1976. Inzwischen existieren mehr als 2000 Hospize, viele Menschen engagieren sich bei der Betreuung Sterbender. In Europa, mit Ausnahme von Großbritannien, steckt die Hospizbewegung noch in den Kinderschuhen. Es gibt kaum Leute, die die Ausbildung zur Pflege Sterbender geben können, die Fragen nach dem Sinn des Lebens und Sterbens sind drängender geworden. Ich bin dankbar, auch in Frankreich, England, Holland, Irland, Österreich, der Schweiz und Deutschland lehren zu dürfen; ich möchte zu einem vollständigeren Verständnis dessen beitragen, was Sterben ausmacht, und mich für eine liebevollere, aufrichtigere, humanere Form der Begleitung Sterbender einsetzen. Häufig erfahre ich, daß viele der freiwilligen Krankenhaushelfer keinerlei Einweisung in ihre Arbeit erfahren haben. Sie sind durch ein gutes Herz motiviert, haben aber selbst Angst vor dem Tod, wissen nicht, wie man mit Sterbenden kommuniziert, sie in guter Weise unterstützt, ihnen Hoffnung vermittelt. So hat sich der Schwerpunkt meiner Arbeit in den letzten Jahren mehr und mehr nach Europa verlagert.

Ich schätze an der tibetisch-buddhistischen Lehre so sehr, daß sie das gesamte Leben als Teil unserer Weisheitsnatur umfaßt. Es liegt an uns, zu lernen, mit unseren Emotionen auf andere Art als bisher umzugehen, sie nicht zum Schaden für andere und uns selbst werden zu lassen.

Was mich selbst betrifft, so habe ich herausgefunden, daß es hilfreich ist, mich immer auf eine einzelne Gewohnheit zu konzentrieren. Habe ich zum Beispiel ein Problem mit meinem Begehren, bin ich mir dessen während des gesamten Tages bewußt. Meine Reaktionen genau beobachtend, versuche ich, das Begehren loszulassen. Die Tibeter haben eine sehr praktische Art, mit Wut oder Ärger umzugehen. Sie sagen: »Du wirst sauer? Kein Problem. Sobald du erkennst, daß du sauer wirst, zum Beispiel jemanden anbrüllst, geh zurück und entschuldige dich. Sag ein Mantra, um dich zu reinigen. Dann laß los. Wenn du Fehler machst, erkenne sie an, reinige sie und geh weiter. Es ist ein Training der kleinen Schritte. Sei dabei geduldig mit dir selbst und setze dich nicht allzusehr unter Druck, damit daraus nicht eine weitere Emotion entsteht. Du kannst dich beispielsweise darin üben, allen Wesen von Herzen alles Gute zu wünschen; so hat Ärger es schwer, eine Basis zu finden.«

Wir alle haben Ängste, die uns verfolgen. Wir versuchen, uns das Leben so angenehm wie möglich zu machen und die Dinge, vor denen wir uns fürchten, zu meiden. Es ist vor allem die Angst vor Vernichtung, vor Verletzung, vor unserer eigenen Traurigkeit, vor Kummer, vor dem Loslassen, vor dem Leersein, die uns umtreibt.

Wenn ich meine Angst persönlich nehme, baue ich ein kleines Gefängnis um mich herum. Dadurch isoliere ich mich und füge mir selbst noch mehr Leid zu. Es gibt im tibetischen Buddhismus die wunderbaren Mitgefühlsübungen des *Tonglen*, die die Fähigkeit, Liebe zu geben und zu nehmen, enorm stärken. Sie sind gleichzeitig sehr geeignet, das Gefühl der Isolation, des Sich-getrennt-Fühlens loszulassen. Tonglen bedeutet »Geben und Nehmen«. In der Tonglen-Visualisation beginnen wir mit einer Meditation, die Mitgefühl in uns erweckt. Wir können zum Beispiel über die Tatsache des Leidens in der Welt meditieren. Wenn wir den Punkt erreicht haben, wo unser Herz ein klares, unvoreingenommenes und liebevolles Mitgefühl ausstrahlt, wenden wir uns dem Aspekt in uns zu, der wütend, verletzt oder einsam ist. Wir stellen uns vor, daß dieser andere Aspekt sich direkt gegenüber unserem erleuchteten Herzen befindet. Nun atmen wir die Leidensaspekte in Form dunkler Rauchwolken ein und transformieren sie in unserem erleuchteten Herzraum. Beim Ausatmen stellen wir uns vor, wir senden unserem Gegenüber heilende Liebe, Wärme, Energie und Freude in Form von strahlendem Licht. Wir können diese Praxis sowohl auf uns selbst als auch auf andere Menschen anwenden. Am Ende jeder Tonglen-Periode widmen wir das Verdienst dieser Mitgefühlspraxis allen anderen Wesen.

Vielleicht ist das größte Geschenk, das mein Beruf mir macht, dies: daß ich mit meiner eigenen Sterblichkeit in Berührung bleibe. Mit meinen Ängsten bewußt zu leben macht mich demütig. Ich sehe mich nicht als jemanden, der viel geleistet hat, eher als jemanden, der Fehler macht, der gelegentlich etwas Richtiges tut. Mein Leben ist vom Wunsch getragen, anderen Wesen zu helfen, ihnen zu dienen, so gut ich es vermag.

Wenn ich in die Augen der Menschen in meinen Kursen schaue, sehe ich mich selbst. Ich verstehe ihren Schmerz, ich sehe ihre Weisheit. Für mich ist die Essenz der Lehren meine eigene volle Hingabe an die Lehre und an meinen Meister. Ich bete, und ich halte seine Gegenwart im Raum und sage: »Ich habe nichts zu geben. Möge etwas von deiner Weisheit und deinem Segen jeden in diesem Raum berühren.« Ich sehe in jedem, der mir begegnet, den künftigen Buddha. Das ist das ganze Geheimnis.

Zusammenfassung

Um uns in guter Weise auf den Tod vorzubereiten, müssen wir unseren Geist und unsere Emotionen zähmen. Aus buddhistischer Sicht stellt der Tod eine außergewöhnliche Gelegenheit zur Befreiung dar. Dabei kommt es auf zwei Dinge an: Wie haben wir unser Leben gelebt, und in welcher Verfassung ist unser Geist im Augenblick des Sterbens? Alle Handlungen, selbst die scheinbar unwichtigsten Worte und Gedanken, gleichen Samen, die Früchte tragen. Im Tod ernten wir die Folgen dieser Handlungen. Christine Longaker lehrt einerseits einen angstfreien Umgang mit diesem Thema, sie zeigt Wege zur Bewältigung von Trauer und Integration tabuisierter Gefühle. In ihrem Buch *Dem Tod begegnen und Hoffnung finden* schreibt sie: »Um uns wirklich auf den Tod vorzubereiten, müssen wir unseren Geist und unsere Emotionen trainieren und zähmen – und zwar solange wir noch leben. Wir brauchen eine disziplinierte Schulung, die uns schon im Leben allmählich vom Leiden befreit, besonders aber nach unserem Tod.«

5
Ringu Tulku Rinpoche

Ringu Tulku, *1952 geboren in Kham, Osttibet, war 17 Jahre Professor für Tibetologie in Sikkim/Indien. Er schrieb zahlreiche Schulbücher für die jungen Tibeter, die seit der Annexion Tibets durch China im Exil aufwachsen. Seit 1990 führen Vorträge und Workshops Ringu Tulku Rinpoche durch ganz Europa, in die USA und nach Australien. Er lehrt die beiden großen tibetischen Meditationssysteme:* **Mahamudra** *und* **Maha Sandhi** *oder* **Dzogchen**.

Porträt

Ich begegne Ringu Tulku Rinpoche während eines seiner jährlichen Besuche in Berlin und fühle mich ins Tibet der 50er Jahre versetzt, als er in einer sehr lebendigen Art zu erzählen beginnt:

Ich bin in Kham in Osttibet geboren, in der Region Ling Tsang, einem der Königreiche Tibets. Von dort ist es nicht weit zum Dzogchen-Kloster und zum Shechen-Kloster, auch mein eigenes Kloster, das Rigul-Kloster, ist nahegelegen. Der Name des Ortes ist Ringu, der Name meiner Familie ist ebenfalls Ringu. Ich kam aber nicht dort zur Welt, denn es war damals – besonders im nomadisch geprägten Teil Tibets – üblich, daß Frauen ihre Kinder an möglichst hoch gelegenen Orten, umgeben von viel frischer Luft, gebären sollten. Ein Baby sollte nicht in einem dunklen Raum zur Welt kommen, denn man war der Ansicht, daß dann auch sein Gehirn düstere Eigenschaften annehme. Als meine Geburt kurz bevorstand, wurde meine Mutter auf ein Bergplateau namens Karchen Tang gebracht. Dort errichtete man ein weißes Zelt, normalerweise haben die Tibeter schwarze Zelte aus Yakhaut. Dieses aber war ein weißes Zelt, niemand war in der Nähe, und dort kam ich zur Welt.

Ich bin am 16. Juli 1952 geboren. Nach dem tibetischen Kalender war es der 25. Tag des fünften Monats im Jahr des Drachen. Meine Großeltern, und später auch mein Vater, waren Ministerialbeamte des Königs. Sie wohnten in einem großen, schloßähnlichen Haus, es gab sogar Gefängniszellen. Sie besaßen Rinderherden und ausgedehnte Ländereien, wobei das über den Besitzstand nicht viel aussagt, denn bei uns gibt es nur eine Ernte innerhalb von zwei Jahren. Meine Mutter kommt aus der Umgebung des Dzogchen-Klosters. Ihre Familie bestand zur Hälfte aus Nomaden, wobei die tibetischen Nomaden – anders als die Nomaden der westlichen Länder –

sich nur zwischen zwei, höchstens drei Weideplätzen bewegen.

Die Chinesen waren zu der Zeit schon mehrere Jahre in dem Gebiet, hielten es besetzt, eine Zeitlang gehörte die Region zu Tibet, dann wieder zu China. Dies spielte lange Zeit nur für die Verwaltung eine Rolle, das Leben der Bevölkerung blieb davon unberührt. 1957 aber, unter dem Einfluß des Kommunismus, inhaftierten die Chinesen unseren König und viele seiner Anhänger. Plötzlich war es verboten, Waffen zu besitzen. In jedem Haushalt gab es damals zumindest eine Flinte oder ein Gewehr. Mein Vater und zwei meiner Onkel lehnten sich gegen die Anordnung der Chinesen auf. Sie taten sich mit Gleichgesinnten zusammen, attackierten den von den Chinesen besetzten Palast und befreiten den König und alle Gefangenen.

Danach begann der Krieg. Die Chinesen marschierten von allen Seiten ein, wir flohen. Man setzte meinen Cousin in eine mit Pelz ausgeschlagene Kiste, mich in eine andere, dann wurden wir auf Mulis geladen. Das war 1957. Wir flohen innerhalb Tibets etwa zwei Jahre lang, versteckten uns am Tag, reisten nachts. Wir waren mehrere hundert Personen, und die chinesische Armee verfolgte uns während der gesamten Zeit. Die Bevölkerung deckte und schützte uns, sie lenkte die Chinesen auf falsche Fährten und riet uns, bestimmte Wege einzuschlagen, wieder andere zu meiden.

Ende 1958 kamen wir nach Zentraltibet; Frauen und Kinder blieben nahe der Grenze zu Bhutan in Süna, die Männer schlossen sich einer Gruppe von Khampa-Guerillakämpfern an, um gegen die Chinesen zu kämpfen. Eines Tages kam der Dalai Lama durch das Dorf, in dem wir lebten, er passierte die Grenze zu Indien, und am selben Abend folgten wir ihm. Mein Vater und sein Bruder kamen nach. So gelangten wir nach Indien. Wenn ich an die Zeit meiner frühen Kindheit zurückdenke, so erinnere ich mich, daß ich ein ziemlich wildes Kind war, dem es Spaß machte, Vögel zu töten und kleine schwarze Enten zu fangen. Mein Vater ist nicht besonders religiös, er war immer ein passionierter Jäger. Die meisten Khampas sind so, keineswegs gute, fromme Buddhisten, sie sind Kämpfer, können ziemlich aggressiv sein, erst wenn man sie näher kennt, zeigen sie sich von ihrer freundlichen Seite. Mein Vater lehrte mich, Vögel zu töten, er fertigte einen kleinen Bogen und später eine Armbrust für mich, zeigte mir, wie man sich anpirscht, Fallen stellt.

Die Tiere waren nicht zum Verzehr bestimmt. In Tibet wurden Vögel, auch Hühner, nie gegessen, zumindest dort, wo wir lebten. Niemand aß Fisch, auch Rindfleisch kam nicht auf den Tisch, die Leute meinten, es röche schlecht. Wir aßen Yak- und Schaffleisch. Selbst Eier waren verpönt. Nur mein Vater, der in China gewesen war und dort Eier gegessen hatte, mochte sie. Einmal sammelten wir zwölf Stück, meine Mutter erlaubte uns nicht, sie zu kochen, also gingen wir damit zu den Nachbarn. Dort brieten wir alle zwölf Eier und aßen sie.

Für Kinder gab es viel Auslauf, viel Natur. Wir hatten keine großen Städte in Tibet, die größte war Lhasa. In den fünfziger Jahren gab es da, wo wir lebten, kein Geld und keine Geschäfte. Man stellte die Dinge des täglichen Bedarfs selbst her und tauschte, was man darüber hinaus benötigte, mit anderen aus. Es war ein sehr einfaches Leben. Nicht luxuriös, aber unabhängig und selbständig. Es gab keine ökonomischen Probleme.

Ich liebte es, umherzulaufen, zu spielen, Schlittschuh zu laufen. Aus Yakdung machten meine Spielkameraden und ich uns eine Art Sattel oder Schlitten. Ließ man ihn über Nacht draußen liegen, so war er am nächsten Tag festgefroren. Diese »Schlitten« nahmen wir und sausten damit den zugefrorenen Fluß abwärts. Man konnte Meilen auf diese Weise zurücklegen, das einzige Problem war, daß man mit völlig zerfetzter Kleidung zu Hause ankam.

Großen Spaß hatte ich auch am Hören von Geschichten. Bei

uns im Haus lebte eine neunzigjährige Großtante, die mir jeden Tag eine Geschichte erzählte, meist Volksmärchen. Selbst am Morgen ihres Todes erzählte sie mir eine Geschichte; nachmittags starb sie in ihrem Bett, umgeben von Familienangehörigen.

Ich bin in meinem Leben häufig mit dem Tod von Freunden und Verwandten konfrontiert worden. Aus buddhistischer Sicht ist die Auflösung des Körpers ein ganz natürlicher Prozeß, wie auch das gesamte Leben als Prozeß betrachtet wird. Die Zeit nach dem Tod, Zwischenzustand oder *Bardo* genannt, ist ebenfalls ein Prozeß wie auch die Geburt. Alle diese Stadien bilden ein Kontinuum, einen Zyklus. Der Tod wird nicht als Strafe interpretiert, Geburt nicht als Belohnung. Es sind Prozesse. Doch sind dies nicht die einzigen Veränderungen. Auch das Leben selbst ist ständigem Wandel unterworfen: Unsere Umgebung, Gedanken, Vorstellungen und Gefühle verändern sich in jedem Augenblick, folgen dem Gesetz von Ursache und Wirkung. Augenblick folgt auf Augenblick, ein Leben folgt auf das andere. Das, was aus buddhistischer Sicht einem Menschen nach seinem Tod geschieht, hängt davon ab, in welchem geistigen Zustand sich dieser Mensch befindet. Das ist das, was wir als *Karma* bezeichnen. Dem mentalen Zustand zum Zeitpunkt des Todes wird eine wichtige Rolle zugeschrieben. Denn aus dieser Verfaßtheit entspringt eine neue Wiedergeburt.

Der tibetische Buddhismus betont die Wichtigkeit eines ausgeglichenen, positiven Geisteszustands zum Zeitpunkt des Todes. So versammeln sich am Lager eines Sterbenden seine Dharma-Freunde, diejenigen, mit denen er sich geistig verbunden fühlt, auch Lamas sind anwesend. Man betet gemeinsam, und der Sterbende erhält Instruktionen, wie er sein, wie er meditieren soll, anknüpfend an die Meditationspraxis, die dieser Mensch zeitlebens ausgeübt hat. Besonders der Praxis des *Phowa* kommt hier eine große Bedeutung zu, denn sie lehrt, das Bewußtsein in einen positiven, erleuchteten Zustand umzuwandeln. Nach dem Eintritt des physischen Todes werden die Einführungen in die Natur des Geistes gegeben. Man nimmt an, daß dann die Auflösung des Körpers und seiner Elemente und ebenso die Auflösung der geistigen Befindlichkeiten, wie Bewußtsein, Emotionen etc., geschieht. Wenn dann der Prozeß der Auflösung abgeschlossen ist, kommt eine Phase, in der der Mensch fähig ist, seine wahre geistige Natur zu erkennen. Wenn er also in der Lage ist, dies zu tun, erlangt er Erleuchtung vom unfreiwilligen Prozeß erneuter Wiedergeburt, die ihm sein Karma auferlegt.

Das Erkennen der eigenen wahren Natur wird im Buddhismus als außerordentlich wichtig eingestuft. Es besteht für die Praktizierenden die Möglichkeit, Erleuchtung zum Zeitpunkt des Todes zu erlangen. So betrachten fortgeschrittene Meditierende ihren Tod nicht als etwas Schlechtes, das irgendwann eintreten wird wie eine Bestrafung, sondern vielmehr als ein Abenteuer, eine gute Gelegenheit. Es ist allerdings wichtig, sich schon zu Lebzeiten durch Meditation auf diese Transformierung des Geistes vorzubereiten.

Nach Eintritt des Todes gibt es eine weitere Phase, in der das Bewußtsein zurückkehrt, das sich inzwischen vom Körper gelöst hat. Diese Phase wird Zustand des *Bardo* genannt. In diesem Zustand kann der Geist überall hingelangen, er ist sehr empfänglich für alle äußeren Einflüsse wie Gebete und gute Wünsche. Die Nachtod-Zustände erstrecken sich über einen Zeitraum von etwa 49 Tagen, sie können im Einzelfall aber auch früher oder später abgeschlossen sein.

Im Alter von drei Jahren wurde ich auf einmal sehr krank, man dachte, ich müsse sterben. Mein Vater suchte in seiner Verzweiflung einen sehr hohen Lama auf. Sein Name war Jamgon Kongtrul von Shechen. Dieser Lama wurde zu mir geführt. Sowie er die Schwelle unseres Hauses überschritten hatte, sagte er, er fühle sich sehr krank. Dann ging er in seinen Raum und schlief. Ab dem Augenblick ging es mir besser, ich schlief ebenfalls. Am nächsten Morgen war ich wieder vollkommen gesund. Jamgon Kongtrul von Shechen sagte daraufhin: »Dieser Junge ist mein Mönch.« Meine Eltern erwiderten: »Gut, wenn er später einmal Mönch werden will, ist er Ihr Mönch.« Darauf schnitt er mein Haar, und ich wurde eine Art Mönch. Später wurde ich als Inkarnation des Abtes des Rigul-Klosters erkannt. Meine Ausbildung zum Lama begann langsam. Zuerst unterrichtete mich einer meiner Cousins. Der Sohn der Schwester meines Vaters war Khenpo, er wurde mein erster Lehrer. Während unserer Flucht lehrten sie mich nicht viel, es war keine Zeit dafür.

Nachdem wir Tibet verlassen hatten, kam ich mit Tausenden anderer Flüchtlinge nach Indien. Die Menschen dort fingen erst an, sich für unseren Lebensstil zu interessieren, als sie sahen, in welcher Weise wir auf unsere Situation reagierten. Es überraschte sie, daß wir alle so fröhlich zu sein schienen, trotz der Verluste, die wir erlebt hatten. Indien war heiß, und die Flüchtlingslager waren überfüllt und sehr laut. Die Gegend war voll von Moskitos und Blutegeln, Malaria und Durchfall waren an der Tagesordnung. Nachts tanzten und sangen wir, weil wir in der Hitze keinen Schlaf fanden.

Jemand fragte uns eines Tages: »Wie ist es möglich, in einer so furchtbaren Situation glücklich zu sein? Liegt es daran, daß Ihr Buddhisten seid?« Vielleicht war unser buddhistischer Hintergrund ein Faktor. Wir wußten, daß unsere Situation nicht nur uns betraf. Was uns passiert war, war viele Male zuvor anderen Menschen ebenfalls passiert. Unser Glaube an den *Dharma* gab uns das Verständnis dafür, daß alle Wesen überall Leid erfuhren. Wir alle waren direkt mit Vergänglichkeit und Sterblichkeit konfrontiert gewesen, und wir hatten ein Gefühl für die große Kostbarkeit unseres Lebens. Unter den einhunderttausend Flüchtlingen aus Tibet gab es viel Krankheit und Not, aber es gab fast gar keine Zusammenbrüche oder psychischen Probleme.

Damals dachte ich nicht, daß dies etwas Besonderes sei.

Doch später, als ich mit Opfern des Vietnamkrieges in Berührung kam, die unter Schock standen und große seelische Probleme hatten, merkte ich, daß unsere Sorgen vergleichsweise gering waren. Natürlich waren wir von der chinesischen Armee gejagt worden, und viele Menschen starben. Es gab niemanden, der nicht einen oder mehrere Familienangehörige verloren hätte. Von den insgesamt neun Brüdern und drei Schwestern meiner Mutter überlebten lediglich sie und eine andere Schwester, ihre Mutter starb an Unterernährung, der Vater wurde durch einen Schuß in den Rücken tödlich getroffen. Auch das fremde Essen stellte ein Problem dar: Viele von uns wußten zum Besipiel nicht, wie sie Reis zubereiten sollten, die meisten Gemüsesorten kannten wir ebenfalls nicht, Dhal oder Kartoffeln hatten wir niemals zuvor gegessen. Ein anderes Problem war die Sprache. Wie sollten wir uns verständlich machen? Wir sprachen keinen der indischen Dialekte oder Englisch. Das Lagerleben dauerte ein halbes Jahr. Dann zog ich mit meiner Familie nach Sikkim.

Wir haben die Situation damals angenommen, wie sie war, haben unser Bestes gegeben und den Rest akzeptiert. Es war unser Karma. Und es gab keinen Gott, den man hätte anklagen können. Meine Eltern arbeiteten zunächst als Kulis. Sie schürften Steine im Himalajagebirge, bauten Straßen. Die Dämpfe, die beim Kochen des Teers während dieser Arbeit entstanden, verätzten die Lungen meiner Mutter, bereiteten ihr große gesundheitliche Probleme. Sie lernte dann Teppiche zu weben. Meine Eltern haben beide keinen Beruf erlernt, weil es nicht notwendig war, damals in Tibet. Sie kamen aus wohlhabenden Familien. Mein Vater erlernte dann das Maurerhandwerk, anschließend bildete er sich zum Zimmermann aus, danach wurde er Schneider und zuletzt *Thangka*-Maler.

Ich lernte in Indien lesen und schreiben, wurde langsam an die ersten buddhistischen Texte herangeführt, lernte Methoden der Interpretation. Meinen Eltern war es lange Zeit nicht recht, daß ich die Mönchsgelübde ablegen wollte, obwohl sie ursprünglich wegen meiner Krankheit zugestimmt hatten. Es wäre ihnen lieber gewesen, wenn ich als Ältester mich um das Wohlergehen unserer vielköpfigen Familie gekümmert hätte. So wollten sie lange ihre Zustimmung nicht dazu geben, daß ich Mönch wurde. Es war letztlich meine eigene Entscheidung. Im Alter von 20 Jahren wurde ich Novize, mit 25 wurde ich ordiniert.

In Osttibet gab es unterschiedliche buddhistische Schulen. Sie waren alle gleichermaßen geachtet. Anfangs habe ich alle Traditionen parallel studiert. Auch Angehörige meiner Familie besuchten unterschiedliche Schulen wie das Dzogchen-Kloster, das Shechen-Kloster, das Tsa-Tsa-Kloster, das ist ein Kagyü-Kloster, und einer meiner Cousins wurde sogar Lama im Bonpo-Kloster. Es gab nicht diese abspaltende Entwicklung, wie sie Katholizismus und Protestantismus in Europa erlebten. Wenn in einem der Klöster ein guter Lama lehrte, gingen die Leute dorthin, ungeachtet der Tradition des Klosters.

Das Kloster, in dem ich von Seiner Heiligkeit dem 16. Karmapa als Lama erkannt wurde, ist ein Kloster der *Karma-Kagyü*-Tradition. Es ist ein kleines Kloster, einige berühmte Praktizierende kommen von dort. Der 16. Karmapa ist einer meiner Wurzelgurus. Ich habe zwei Haupt-Wurzelgurus: den 16. Karmapa und Dilgo Khyentse Rinpoche. Khyentse war ein Lama, der im letzten Jahrhundert lebte. Als er gestorben war, wurden in verschiedenen Klöstern fünf seiner Inkarnationen erkannt. Khyentse wurde vom Shechen-Kloster erkannt, das sich ganz in der Nähe meines Heimatortes befindet und in der *Nyingma*-Tradition steht.

Dilgo Khyentse Rinpoche galt damals in Indien als besonders gut ausgebildeter, sehr erfahrener Lama. Ich war ihm schon während meiner Kindheit begegnet; er war meiner Familie freundschaftlich verbunden. Als Meister verschiedener tibetischer Schulen lehrte er mich nicht nur die *Nyingma*-Tradition, sondern auch Kagyü, Mahamudra u.a. Insbesondere meine praktischen Kenntnisse habe ich ihm zu verdanken. In Benares wurde ich aber auch von Lehrern der Kagyü-Linie unterrichtet, Khenpo Lama Rinchen war mein Lehrer, er studierte ebenfalls im Shechen-Kloster, Khenpo Tsöndrü war ein großer Nyingma-Meister wie auch Khenpo Daser, Khenpo Lodrö Zangpo war ein Sakyapa-Khenpo. Von ihnen lernte ich buddhistische Logik und Kosmologie. Ich studierte auch bei *Gelugpa*-Lamas. Ich bin überzeugt, daß es gut ist, alle vorhandenen Quellen zu studieren, so sehr unterscheiden sie sich nicht voneinander.

Nachdem ich meinen Universitätsabschluß in buddhistischer Philosophie gemacht hatte, widmete ich mich ein wenig den modernen Wissenschaften, absolvierte auch hier meine Examina in Indien. Damals hatte ich Gelegenheit zu wissenschaftlicher Forschungsarbeit. Ich wählte als Thema die *Rime*-Philosophie von Jamgon Kongtrul, eines großen tibetischen Meisters aus dem 19. Jahrhundert.

Wenn ich definieren sollte, was ich als Ziel meines Lebens sehe, so würde ich sagen: Ich versuche, an mir selbst zu arbeiten, ein besserer Mensch zu werden. Wo es möglich ist, versuche ich anderen zu helfen. Als ich jung war, war ich der einzige in meiner Familie, der Fremdsprachenkenntnisse besaß; ich hätte mich sicherlich noch intensiver meinem Studium widmen, auch im Ausland studieren oder im Kloster leben können, aber ich entschied mich dafür, bei meinen Eltern zu leben und sie zu unterstützen. Wir wohnen in Sikkim, ich habe fünf Brüder und Schwestern, außerdem leben Onkel und Tanten mit uns zusammen, manchmal auch Cousins; wir sind eine weitverzweigte Familie.

Mit dem Reisen habe ich 1990 begonnen. Seine Heiligkeit der 16. Karmapa forderte mich dazu auf, auch Chögyam Trungpa bat mich, seine Arbeit zu unterstützen, ich kannte ihn aus der »Young Lamas' Homeschool«, die 1962 von einer

Engländerin namens Mrs. Frieda Bedi ins Leben gerufen wurde. Sie war mit einem Inder verheiratet und gründete diese Schule für die Tulkus, die inkarnierten tibetischen Lamas. Ich lernte dort u.a. Englisch. Meine ersten Reisen führten mich nach Schottland, Irland, Belgien, Spanien und Frankreich.

Aus der Zeit in Sikkim datiert meine enge Freundschaft mit Sogyal Rinpoche. Er bat mich, auch in seinen Zentren zu lehren. Dann lud Lama Chime Rinpoche, der Zentren in England und Deutschland gegründet hat, mich ein, auch bei ihm zu lehren. Seither bin ich ständig auf Reisen.

Vor 1990, als ich noch in Sikkim lebte, stellte ich Unterrichtsmaterial für tibetische Kinder zusammen. Ich schrieb selbst Bücher, die den Kindern das Lesen und Schreiben der tibetischen Sprache beibringen sollten, publizierte eine ganze Serie von Büchern und bildete dann auch Lehrer aus, zeigte ihnen, wie sie den Stoff vermitteln konnten. Dann begann ich, auch an der Universität zu lehren, in der Abteilung für tibetische Studien. Dies tat ich 17 Jahre lang. Jetzt habe ich mich beurlauben lassen.

In westlichen Ländern zu reisen ist eine gute Erfahrung für mich, es bedeutet, jede Menge zu lernen. Die Menschen im Westen sind sehr aufgeschlossen und an Erkenntnis interessiert. Natürlich ist es manchmal anstrengend, soviel unterwegs zu sein. Dann versuche ich das Ganze als Ferienaufenthalt zu betrachten.

Einmal begegnete ich in Delhi einer schönen jungen Frau. Sie sprach Tibetisch so gut wie eine Tibeterin. Wir kamen ins Gespräch, und sie erzählte, sie sei Missionarin. Sie fragte mich, ob ich an Jesus Christus glaube, und ich antwortete: »Ja, ich glaube an Jesus Christus.« Dann fragte sie mich: »Glauben Sie an Buddha?« »Ja«, antwortete ich ihr, »ich bin Buddhist.« Darauf wurde sie wütend. »Wie können Sie sagen, Sie glauben an Buddha, wenn Sie an Jesus Christus glauben?!« Ich fragte sie: »Warum nicht?« Daraufhin weigerte sie sich, sich weiter mit mir zu unterhalten.

Natürlich gibt es Unterschiede, was den Glauben angeht, auch innerhalb der buddhistischen Tradition. Ich denke, sie spielen keine so große Rolle, weil es sich um intellektuelle Konzepte handelt. Selbst das beste Konzept entbehrt der Wirklichkeit. Am Ende muß man sich von all diesen Philosophien befreien. Auch der Buddha kannte 84 000 verschiedene Arten, die Menschen zu lehren, und jede erfüllte ihren Sinn.

Aus buddhistischer Sicht kann man nicht sagen, daß etwas vollkommen falsch ist und überhaupt nichts Gutes enthält. Ich sehe auch viele gute Dinge innerhalb des Christentums. Es inspiriert mich, wenn ich in der Bibel lese. Es kommt darauf an, wie man in der Praxis damit umgeht. Christliche Ethik betrachte ich als etwas Positives, schwieriger zu akzeptieren finde ich die Aussage, daß wir Menschen bereits als Sünder zur Welt kommen. Aber vielleicht wurde sie gemacht, um uns ins Bewußtsein zu rufen, daß wir an uns arbeiten, uns bessern müssen. Dieses Konzept aber, daß der Mensch seit seinen Anfängen als Sünder betrachtet wird – und ich bin mir nicht sicher, ob es tatsächlich eine Sünde war, die Adam beging –, ist für uns Buddhisten sehr schwer nachzuvollziehen. Aus diesem Konzept der Ursünde entsteht etwas, das für die Christen sehr schlecht ist: ein starkes Gefühl von Schuld. Gleichzeitig gibt es aber auch ein ausgeprägtes Gewissen, das in dieser Form in den Ländern des Ostens sehr viel weniger ausgeprägt ist und das ich persönlich sehr gut finde. Zum Beispiel strebt man Gerechtigkeit für alle gleichermaßen an, man will verhindern, daß Menschen zu Opfern werden, möchte helfen da, wo Menschen in Not geraten. Das ist etwas Gutes.

Es gibt die Vier Edlen Wahrheiten in der buddhistischen Lehre. Diese werden, soweit ich informiert bin, sehr häufig mißinterpretiert. Oft sind Leute, die in buddhistische Länder reisen, schockiert. Sie erwarten düstere Gestalten, die andauernd über menschliches Leiden meditieren, unfähig, ihr Leben zu genießen, doch das ist nicht der Fall. Als der Buddha über die Vier Edlen Wahrheiten sprach, meinte er: Nimm das Problem, die Ursache des Problems, das Ende des Problems und den Weg, das Problem zu lösen. Buddha versuchte, auf jedes Problem mit Hilfe dieser vier Punkte zu schauen. Er sagte, solange du ein Problem nicht verstehst, wirst du niemals in der Lage sein, es zu lösen. Ein Problem verstehen bedeutet, auch den Grund, die Ursache des Problems zu verstehen. Wenn die Ursache eliminiert wird, wird auch das Problem verschwinden. Und es gibt einen Weg, die Ursache zu beseitigen.

Soviel zu den Vier Edlen Wahrheiten. Diese werden auch auf das Leben angewandt. Wenn wir uns unglücklich fühlen und leiden, muß dem eine Ursache zugrunde liegen. Diese Ursache müssen wir herausfinden, und wenn wir sie wirklich herausfinden und bearbeiten, können wir frei von Leiden leben. Buddhisten konzentrieren sich nicht auf das Leiden, sie versuchen, es zu lösen, loszulassen. Gleichzeitig versuchen sie nicht, es zu ignorieren, sondern begegnen ihm bewußt, versuchen, es zu analysieren, etwas damit anzufangen. Ich denke, wenn wir die Beschäftigung mit dem Leiden auf diese Weise verstehen, macht es uns weder allzu ernsthaft noch düster. Ich glaube, es macht uns sogar fröhlicher und leichter.

Im Osten, aber mehr noch im Westen habe ich bemerkt, daß die Menschen häufig erwarten, alles im Leben müsse gut sein. Wenn man diese Erwartung hat, fühlt man sich möglicherweise schon beim Auftauchen des kleinsten Problems miserabel. Wenn man aber vorbereitet ist, daß Probleme auftauchen, und ein kleines Problem erscheint, wird man sich nicht so sehr darüber aufregen, weil man weiß, das Leben bettet einen nicht nur auf Rosen. Zu wissen, wie die Dinge in der Welt beschaffen sind, macht uns überhaupt nicht unglücklich oder düster. Ich denke, bereits die Kinder sind teilweise zu sehr behütet. Man verbirgt vor ihnen möglichst lange das Wissen um die schlechten Seiten der Welt. Ich glaube, daß das nicht besonders gut ist. Kinder sind sehr intelligent, sehr klug. Sie besitzen viele Fähigkeiten, zu lernen, die Dinge klar zu erkennen, ohne sie zu kompliziert zu machen. Wenn jemand also allzusehr behütet aufwächst und danach die Welt wahrnimmt, wie sie ist, dann ist das keine sehr schöne Erfahrung. Dann kann diese Person geschockt sein, nicht wissen, wie sie sich verhalten soll. Dagegen werden Menschen, die früh Herausforderungen begegnen, die fähig waren, damit klarzukommen, später starke Persönlichkeiten. Sie haben gelernt, zu überleben.

In der westlichen Gesellschaft liegt der Akzent stark auf der Durchsetzungsfähigkeit des einzelnen und einer Betonung des Ego. Auch Buddhisten halten ihre Kinder dazu an, für sich zu sorgen. Es besteht kein Zweifel dahingehend, daß man sich selbst wertschätzen, sich schützen und für das eigene Wohlergehen sorgen soll. Vielleicht gibt es einen kleinen Unterschied innerhalb der Erziehung, die Art und Weise der Wertschätzung des Selbst betreffend. Ich denke, das grundlegend Wichtige ist: Wenn du etwas für dich selbst möchtest, mußt du es zuvor auch anderen geben, so daß du es bekommen kannst. Ich denke, das ist die Basis buddhistischen Denkens: Wenn du etwas haben möchtest, so mußt du erst versuchen, es in dir zu entwickeln, und dann versuchen, es anderen zu geben. Ein Beispiel: Du möchtest geliebt werden. Aber du bekommst keine Liebe, bevor du sie nicht selbst gibst. Ähnliches gilt auch für das Helfen: Hilfst du anderen, dann erfährst du Hilfe auch von anderen, bist du selber freundlich, dann werden auch andere dir freundlich begegnen; tust du Gutes, wirst auch du Gutes bekommen. Das ist das Gesetz von Ursache und Wirkung. Alles, was du säst, wirst du auch ernten. Ich denke, dies ist ein universelles Gesetz, das überall auf der Welt gilt, denn im Grunde sind alle Menschen gleich.

Natürlich gibt es kulturelle Unterschiede, doch sind diese meiner Meinung nach eher oberflächlich. Dennoch sind diese

Unterschiede nicht unwichtig, da die Kommunikation der unterschiedlichen Kulturen auf dieser Oberflächenstruktur abläuft; Erziehung und soziale Übereinkünfte, Ideenkonzepte, Sprache, all dies findet auf diesem Niveau statt. Manchmal ist die Verständigung durch diese unterschiedlichen Konzepte ein wenig schwierig, doch geht man tiefer, so wird man feststellen, daß alles Menschliche eine gemeinsame Basis hat. Manche Leute kommen überall zurecht, einfach durch ihre Art zu sein. Sie haben wenig Probleme durch ihr Denken, die Art, wie sie agieren und reagieren. Es ist aber auch kein simples Tauschgeschäft, bei dem man etwas gibt und etwas anderes dafür eintauscht. Lassen Sie mich eine Geschichte erzählen, um diesen Zusammenhang ein wenig zu illustrieren. Ich kenne ihren Ursprung nicht genau, aber ich denke, es ist eine sehr gute Geschichte:

Es war einmal ein alter, weiser Schafhirte, der seinen Weideplatz hoch oben auf einem Gebirgspaß besaß und dort Schafe hütete. Eines Tages kam ein Reisender vorbei. Der fragte den Schäfer, indem er zum Dorf hinabdeutete, in dem der Schäfer wohnte: »Was sind das für Menschen, die in diesem Dorf dort unten leben?« Darauf antwortete der Schäfer: »Nun, was für Menschen leben in dem Dorf, aus dem du kommst?« Und der Reisende sagte: »Die Leute des Dorfes, aus dem ich komme, sind wirklich schlecht. Sie sind böse, streitsüchtig, pflegen keine Gastfreundschaft, es sind wirklich ganz schreckliche Menschen.« Darauf erwiderte der Schafhirt: »Die Leute in dem Dorf dort unten sind genauso, sie sind streitsüchtig, nicht gastfreundlich, wirklich schlechte Menschen.«

Kurze Zeit später kam ein anderer Passant vorbei. Er stellte dem Schäfer dieselbe Frage: »Was sind das für Menschen, die in dem Dorf dort unten leben?« Wieder antwortete der Schafhirt mit einer Gegenfrage: »Was für Menschen leben in dem Dorf, aus dem du kommst?« Der andere antwortete: »Gute Menschen, sie sind sympathisch, gastfreundlich, wirklich sehr angenehm.« Darauf der Schafhirt: »Nun, die Menschen dort unten sind genauso, wirklich ganz genauso.« Es gilt also: Wir sehen immer nur das, was wir selbst in uns tragen.

Zusammenfassung

Ringu Tulku Rinpoche lehrt auf sehr persönliche, humorvolle und praxisorientierte Weise den »mittleren Weg«, den der Buddhismus aufzeigt: das allem innewohnende Gesetz von Ursache und Wirkung; Wege, wie man schwierige Lebenssituationen annimmt, ohne sie als »schwer« zu empfinden; wie man Mitgefühl für andere entwickelt; wie man das eigene Ich auf kluge Weise erforscht und relativiert. Er lehrt auch, daß nur der auf gute Weise sterben kann, der sinnvoll gelebt hat.

6
Jack Kornfield

Jack Kornfield *ist promovierter Psychologe und Psychotherapeut. Er lebte als junger Mann fünf Jahre als Mönch in Thailand, Burma und Indien, wurde u.a. von Achaan Chah in der Tradition des Theravada-Buddhismus ausgebildet und lehrt seit 1974 weltweit Meditation, derzeit im kalifornischen Spirit Rock Centre. Dieses von ihm selbst gegründete Institut liegt ganz im Grünen, 45 Autominuten von Berkeley und vom Stadtzentrum von San Francisco entfernt. Hier lehren neben Jack Kornfield 15 weitere buddhistische Lehrer, u.a. Sylvia Boorstein, Anna Douglas und Robert Hall. Das Programm umfaßt neben 10-Tage-Kursen auch Retreats auf Monats- oder auf 3-Monats-Basis; es gibt Familienprogramme, wo geübt wird, wie man innerhalb der Familie achtsam und liebevoll miteinander umgehen kann, außerdem Programme, die Malerei, Dichtung und politisch verantwortliches Handeln in Verbindung mit Meditationspraxis lehren. Jack Kornfield ist begeisterter Hausmann und Vater. Er widmet sich zur Zeit besonders der Arbeit mit Mitgliedern von Jugendgangs. Zusammen mit einem afrikanischen Medizinmann, einem Trommler, dem irischen Geschichtenerzähler Michael Mead und der lateinamerikanischen Dichterin Louise Rodriguez macht er die jungen Männer und Frauen mit Meditation, Kunst und Ritual vertraut.*

Porträt

Ich treffe Jack Kornfield in einem 4-Sterne-Sporthotel in Lenzerheide, im schweizerischen Graubünden, wo er zusammen mit Stan Grof ein Seminar, betitelt »*Insight & Opening. Die Kraft des Atems und der Meditation*«, hält. Seine Gedanken wandern zurück ins Amerika der Nachkriegsjahre:

Ich wurde am 16. Juli 1945 als erster eines Zwillingspärchens geboren. Es war fünf Uhr morgens, genau die Zeit, als in Alamogordo, New Mexico, die erste Atombombe gezündet wurde. Nachdem das Experiment gelungen war, schickten die Forscher ein Telegramm an den Präsidenten von Amerika, in dem sie das Ereignis mit folgenden Worten umschrieben: »Das Baby ist geboren!« So bin ich also genau an der Schwelle des Atomzeitalters mit all seinen Problemen zur Welt gekommen. Mein eigenes Leben, das ich schon als junger Mann dem Studium und der Praxis des Buddhismus gewidmet habe, steht unter dem Zeichen, in Frieden mit mir und der Welt zu leben.

Mein Vater war Biophysiker, er entwickelte die ersten künstlichen Lungen und Herzen und unterrichtete an verschiedenen medizinischen Fakultäten an der Ostküste der USA. Meine Eltern waren zwar gutsituierte Intellektuelle, aber trotzdem nicht besonders glücklich. Sie stritten viel, und so wurde mir schon sehr früh klar, daß weltlicher Erfolg, ein Universitätsdiplom oder ein angesehener Beruf als Arzt nicht unbedingt die Voraussetzung für ein erfülltes, glückliches Leben bieten. Wie alle jungen Leute schaute auch ich mich um, und was ich sah, waren Leute, die reich und glücklich waren, andere, die reich waren, aber viel Leid erfuhren, wieder andere, die arm, aber zufrieden waren, und solche, die arm und unglücklich waren. Weil ich selbst unglücklich innerhalb meiner Familie war, interessierte ich mich brennend für alles, was das Herz glücklich und frei macht.

Ich begann, Medizin zu studieren, aber dann begegnete ich am Dartmouth College im Jahr 1963 einem wundervollen alten chinesischen Professor, der Seminare über Laotse, Tschuangtse und Buddha gab. Er hieß Wing Tsit Chan, gelegentlich lehrte er im Lotussitz auf dem Pult sitzend. Ich pendelte zwischen seinen Vorlesungen und organischer Chemie und erkannte, daß ich mich von diesen Vorträgen über Laotse und das Leben des Buddha bei weitem berührter und inspirierter fühlte. Das führte dazu, daß ich anfing, Chinesisch, buddhistische Philosophie und Asienkunde zu studieren. Dann kam die Zeit des Vietnamkriegs, und ich bewarb mich beim amerikanischen Peace Corps um eine Stelle in einem buddhistischen Land. Als Kriegsdienstverweigerer wurde ich Mitglied eines Teams von Medizinern, das im Mekong-Delta vor allem gegen Krankheiten wie Typhus und Malaria im Einsatz war. Wie viele andere meiner Generation betrachtete ich mich als Hippie, hatte eine Zeitlang in Haight-Ashbury gelebt und interessierte mich für alles, was eine Alternative zur bestehenden Kultur mit ihrer Verbrauchermentalität, ihrer Kriegsgeilheit und ihrem Wettbewerbsdenken bildete. Ich hatte die Hoffnung, in den buddhistischen Klöstern Asiens einige jener Weisen zu finden, die mir aus der buddhistischen Literatur bereits vertraut waren. Und tatsächlich begegnete ich im Kloster von Wat Ba Pong dem jungen Achaan Chah, einem jener später berühmt gewordenen thailändischen Meditationsmeister und Waldmönche, der mein erster Lehrer wurde.

Als ich 1972, nach fünf Jahren Asien, als ordinierter Mönch in die USA zurückkehrte, suchte ich nach einem Weg, um das, was ich gelernt hatte, zu verstehen. Ich hatte wunderbare Meditationsformen über reines Gewahrsein und Mitgefühl erlernt, andere Dinge wiederum konnte ich nicht lernen, weil ich mich außerhalb meines soziokulturellen Umfelds befand. Als zölibatär lebender Mönch hatte ich meine Aufmerksamkeit vor allem auf Herz und Geist gerichtet, doch erkannte ich, daß ich, um wirklich weise zu werden, dieselbe Achtsamkeit und denselben Respekt auch meinem Körper zuwenden mußte. Ich hatte den Wunsch, eine Familie zu gründen, und fragte mich, ob das, was ich in der Abgeschiedenheit asiatischer Klöster gelernt hatte, auch in ein westliches alltägliches Leben integrierbar wäre. Es reizte mich, dies zu versuchen, und daraus wurde ein lebenslanger Prozeß, eine tägliche Herausforderung.

Zurückgekehrt in die USA, fand ich einen Job in einer Nervenklinik und hatte anfangs bei dieser Arbeit im Hinterkopf, daß ich den Kranken möglicherweise Meditation beibringen könnte. Diese Vorstellung erwies sich als gründlicher Irrtum. Für die meisten Nervenkranken wäre es keine Hilfe gewesen, die Augen zu schließen und zu meditieren. Tatsächlich waren sie innerlich bereits zu weit entfernt von sich selbst und ihrer Umgebung. Für sie war es erst einmal wichtig, in ihren Körper zurückzukehren. Aktivitäten wie Yoga oder Gartenarbeit waren wesentlich geeigneter, sie zu erden. Dann entdeckte ich in der Klinik eine große Gruppe Menschen, für die das Erlernen der Meditation absolut hilfreich gewesen wäre: Das waren die Psychiater und die Psychologen, die Sozialarbeiter und Krankenschwestern. Viele von ihnen empfanden Angst angesichts des Zustands, in dem ihre Zöglinge sich befanden. Ich selbst teilte diese Angst nicht, denn Teil meiner spirituellen Praxis war es gewesen, mich mit meinem eigenen Tod sowie den damit einhergehenden Verfallsstadien zu konfrontieren. Ich hatte Nächte draußen in den Wäldern verbracht, den Blick auf einen Friedhof voller brennender Leichen gerichtet, und ich hatte große emotionale Erregungszustände durchlebt, begleitet von Schmerz, Trauer, Tränen, der Angst, wahnsinnig zu werden, dann wieder Zustände voller Freude und Ekstase. Ein Teil der Meditation bestand darin, sich all dem zu öffnen, ein Zentrum zu finden, das jede dieser Erfahrungen zu integrieren fähig war. Weil ich mich bereits intensiv mit östlicher Philosophie und Psychologie beschäftigt hatte, dachte ich, es könnte sinnvoll sein, auch westliche Psychologie zu studieren, und schrieb mich an der Universität ein.

Ich hatte festgestellt, daß ich mich nach meiner Rückkehr aus dem Kloster extrem friedlich und offen fühlte, ein herrlicher Zustand. Jeder, der jemals eine intensive Phase meditativer Erfahrung erlebte, weiß, daß man sich im Anschluß daran wie neugeboren fühlt. Alles erscheint einem frisch und rein zugleich, die Dinge schmecken so, als äße man sie zum erstenmal, ich fühlte mich innerlich ausgeglichen, fühlte Liebe für alles und jeden, nichts konnte mich stören oder verwirren. Dieser Zustand dauerte ein halbes Jahr. Dann ging es mir plötzlich sehr viel schlechter als vorher. Ich fing mit dem Studium an, begann eine intime Beziehung mit einer Frau aus meinem Bekanntenkreis und merkte, daß ich große Probleme mit Nähe hatte, größere als vor meinem Aufenthalt im Kloster. Denn obwohl ich in der Meditation liebender Güte und der Praxis inneren Gewahrseins geübt war, wußte ich nicht, wie ich Mitgefühl und Liebe in bezug auf meine Familie oder eine andere mir nahestehende Person anwenden sollte. Man kann tief in Meditation versunken sein, Liebe für sich und Millionen anderer Wesen empfinden, heilige Mantren chanten und Mitgefühl für alles fühlen, außer für denjenigen, der einem am nächsten ist. Das war eine schockierende Erfahrung für mich, denn nun sah ich die Angst, die Unsicherheit, den Mangel, all die Dinge, die menschliche Beziehungen so schwierig gestalten, in neuer, schmerzlicher Klarheit deutlicher als jemals zuvor.

Aber dies war gleichzeitig der Beginn eines Heilungsprozesses. Für viele Menschen gilt, daß Heilung und inneres Erwachen in ihrem eigenen Inneren stattfinden können. Aber es gibt tiefe seelische Verletzungen, die im Kontakt mit anderen Menschen entstanden sind. Die Heilung dieser gestörten zwischenmenschlichen Beziehungen erfordert einen Prozeß des Austauschs wiederum mit Menschen, ein aktives Umlernen.

Ein solcher Prozeß ist im Alleingang nicht möglich. Es bedarf eines Heilers, eines ausgezeichneten Therapeuten oder eines spirituellen Lehrers. Sich spirituell dem ganzen Universum zu öffnen ist etwas sehr Schönes, aber es ist nicht viel wert, wenn wir nicht lernen, auf ganz persönliche, direkte Weise zu lieben. Dafür ist es niemals zu spät, denn unser Herz besitzt immer diese Fähigkeit zu lieben. Zen-Meister Dogen, der berühmte Begründer der Soto-Zen-Tradition in Japan, sagte einmal: »Erleuchtet zu sein bedeutet, allen Dingen nahe zu sein.«

Für viele Menschen im Westen ist es eine große Herausforderung, mit ihren nächsten Angehörigen in liebevollen Kontakt zu kommen oder mit ihrem sozialen Umfeld, ihren Kindern. Was können wir also tun, um unser Herz zu nähren und liebesfähig zu machen? Die Antwort ist sehr einfach: Wir müssen zuhören. In allen alten Weisheitskulturen wußten die Menschen, daß sie zu ihrem Herzen sprechen und ihm umgekehrt auch zuhören konnten. Unsere moderne Kultur hat dieses Wissen weitgehendst vergessen. Und ob wir es nun Gebet nennen, ein kontemplatives Leben oder Meditation und ob es Hildegard von Bingen ist, Meister Eckhart, der Dalai Lama oder Thich Nhat Hanh – sie alle lehren diese Qualität des achtsamen Zuhörens.

Es gibt eine afrikanische Geschichte, die ich sehr liebe. Ich möchte sie an dieser Stelle erzählen: In einem Dorf im Osten Afrikas ist es Sitte, den Geburtstag eines Kindes nicht als zusammenfallend mit dem Tag seiner physischen Geburt zu betrachten, auch nicht mit dem Tag seiner Empfängnis. Der Geburtstag eines Kindes ist der Tag, an dem es zum erstenmal ein Gedanke im Geist seiner Mutter ist. Und wenn die Frau sich entscheidet, dieses Kind mit einem bestimmten Mann zu haben, wird sie zuvor auf das Feld hinausgehen, sich im Schatten eines Baumes niedersetzen und warten, bis sie das Lied hört, mit dem dieses Kind sich ankündigt. Wenn sie dieses Lied vernommen hat, wird sie in ihr Dorf zurückgehen und es dem Mann ihrer Wahl vorsingen, und sie singen das Lied gemeinsam, während sie sich lieben und das Kind zu sich einladen. Dann singt die Mutter das Lied, während das Kind in ihrem Leib langsam größer wird, sie lehrt es die Hebammen, und wenn es dann geboren wird, so ist das erste, was es wahrnimmt, nicht das grelle Neonlicht eines Kreißsaals und der obligatorische Klaps auf das Hinterteil, sondern sein Lied. Später dann, wenn das Kind größer wird, lernt die gesamte Dorfgemeinschaft sein Lied, und wenn es hinfällt oder sich verletzt, eilt sofort jemand zu ihm und singt tröstend sein Lied. Sogar wenn diese Menschen heiraten, ist es Sitte, ihrer beider Lieder zu singen. Diese Geste macht sie zu Mann und Frau. Und dann, am Ende eines Menschenlebens, versammelt sich die Gemeinschaft um das Sterbelager und singt sein oder ihr Lied ein letztes Mal.

Es berührte mich tief, als ich diese Geschichte zum erstenmal hörte, und ich dachte, wie wunderschön wäre es, wenn wir in einer Kultur lebten, in der Menschen einander weniger durch ihr körperliches Erscheinungsbild oder ihren Beruf kennten als durch das Lied ihrer Seelen. Wir leben so übergeschäftig, und in unserer Erziehung geht es so sehr darum, den richtigen Job zu erwischen, Geld zu verdienen. Unsere Kinder werden mehr und mehr von Tagesmüttern betreut oder sitzen vor dem Fernseher, so daß die Erinnerung an das, was heilig ist, völlig aus unserem Blickfeld verschwindet. Man könnte sagen, daß Meditation, ein spirituelles Leben, beinhaltet, daß wir uns zuerst an unser eigenes Lied erinnern und dann fähig werden, den Liedern aller Wesen auf diesem Planeten zu lauschen.

Nachdem ich 1976 in klinischer Psychologie promoviert hatte, arbeitete ich als Therapeut und gleichzeitig als buddhistischer Lehrer am Naropa-Institut, der ersten buddhistischen Akademie Amerikas, zusammen mit Chögyam Trungpa Rinpoche, Ram Dass, Joseph Goldstein und anderen. Etwa 2000 Studenten hatten sich für das Studium eingeschrieben. Es war eine ungeheuer aufregende Zeit für mich. Ich hatte Jahre im Kloster verbracht, zwanzig Stunden hintereinander meditiert, ohne mich zu bewegen, war 35 Kilometer zu Fuß marschiert, um eine Tagesmahlzeit in meiner Bettelschale nach Hause zu tragen. Es war ein äußerst diszipliniertes, genügsames und auf das Allernotwendigste beschränktes Leben. Zu Beginn glaubte ich, jeder Westler solle sich auf dieselbe Weise mit Angst, Gier, Haß und anderen Formen der Verblendung auseinandersetzen. Doch dann bemerkte ich, daß die meisten unserer westlichen Schüler bereits im erbitterten Kampf mit sich selbst lagen. Es gab ein ungeheures Potential an Selbsthaß, Minderwertigkeitsgefühlen, Selbstkritik, Angst und Sehnsucht.

Als ich die Studenten aufforderte, ihre ganze Kraft einzusetzen, um diese Zustände zu überwinden, machte es die Sache für viele nur noch schlimmer; sie argumentierten: Ich meditiere nicht gut genug, ich bin kein wirklicher Yogi, ich mache alles falsch. Sie schafften es, die spirituelle Praxis wie eine Waffe gegen sich zu richten, ein weiteres Mittel, um sich selbst zu verurteilen. Dadurch lernte ich, daß es elementar wichtig ist, zuerst einmal den Kampf im eigenen Innern wahrzunehmen und zu beenden. Die Anstrengung liegt in der Couragiertheit, im Mut des Herzens, alle Dinge zu umarmen, sich nicht abzuwenden, von Freude und Furcht, Gewinn und Verlust, von Ruhm und Schande, Lob und Tadel; uns selbst zu erlauben, uns bewußt, mitfühlend und vollständig dem Körper, Geist und Herz zu öffnen, die uns gegeben wurden. Es gibt eine grundlegende Würde in jedem Menschen; sie ist Teil unserer Buddha-Natur. Dieser Aspekt in uns möchte frei sein, klarsichtig, er möchte die Welt umarmen.

In der Meditation, besonders während längerer Retreats, öffnen sich für die meisten Menschen tiefere Regionen des Bewußtseins, und aus diesen Räumen steigen die unterschiedlichsten Erfahrungen und Bilder auf: schöne und schreckliche, himmlische und solche, die aus Höllen zu kommen scheinen, mit Tieren und hungrigen Geistern. Wir erfahren, daß wir mit allen Dingen zutiefst verbunden sind. Das ist keine Philosophie oder irgendein hübsches Märchen, es ist wahr.

Vor zwanzig Jahren befanden meine Frau und ich uns im Ashram Vimala Thakars in Indien, hoch oben auf dem Mount Abu. Vimala Thakar ist eine der größten Yoginis aus dem Umkreis Mahatma Gandhis und Krishnamurtis. Meine Frau hatte während der Meditation Visionen vom Sterben eines ihr nahestehenden Menschen. Ich gab ihr den Rat, mit Mitgefühl darüber zu meditieren und sich keine Sorgen zu machen. Zehn Tage später erreichte uns ein Telegramm mit der Nachricht, daß ihr Bruder Paul sich umgebracht hatte. Der Tag seines Todes war exakt der Tag, an dem meine Frau die Vision gehabt hatte, und auch die Art und Weise, wie er starb, hatte meine Frau »gesehen«.

Diese Geschichte ist nicht neu; viele Menschen haben ähnliches erlebt. Während tiefer Meditation können wir die Wahrheit unserer Verbundenheit mit allem erfahren; manchmal fühlen wir uns wie ein Baum, dessen Blätter, vom Wind bewegt, einen Tanz aufführen; wir werden eins mit ihm, oder wir werden Teil eines Berges, den wir sehen, oder wir stecken eine Traube in unseren Mund, und während die Traube ein Teil von uns wird, werden auch wir Teil der Traube. Zu anderen Zeiten können wir uns mit dem universellen Leid der Welt verbinden, wir können unseren eigenen Kummer, unsere Einsamkeit, unseren Schmerz fühlen, und dann verbinden wir uns mit dem Leid einer Mutter in Kambodscha, die ihr sterbendes Kind auf dem Arm hält, oder wir sind der Teenager, der in Los Angeles an einer Überdosis Drogen stirbt, oder ein Soldat in Bosnien. Die Bilder und Gefühle, die uns mit allen Lebewesen verbinden, steigen auf ganz natürliche Weise während der Meditation in uns auf. Manchmal überkommt uns eine starke Freude, wenn wir in die Augen des

Menschen neben uns schauen, oder wir empfinden angesichts einer Melodie, die wir hören und die uns zutiefst berührt, das Wunder und eine tiefe Dankbarkeit, in diesen menschlichen Körper hineingeboren worden zu sein.

Eine Studie, die kürzlich in Amerika veröffentlicht wurde, hat ergeben, daß die Mehrheit der Amerikaner spontane mystische Erfahrungen erlebt hat. Als man die Menschen danach fragte, reagierten sie ängstlich und abwehrend; die meisten wollten diese Situationen nicht noch einmal erleben. Sie zogen es vor, ihrem routiniert-vertrauten Tagesablauf zu folgen, zu arbeiten, innerhalb von vorgegebenen Strukturen zu »funktionieren«. Unsere Kultur hat die Allgegenwart des Heiligen, wie es scheint, vergessen. Diese Situation erinnert mich ein wenig an das 15., 16. Jahrhundert, als die Eroberer in ihren Schiffen aufbrachen und nicht wußten, daß die Erde rund ist. Und von den am weitesten entfernt liegenden Rändern, die auf den Karten eingezeichnet waren, wurde gesagt: Hier gibt es Drachen. Ähnlich ist es in unserer Kultur. Es gibt viele, die heute aufwachsen und nichts von den real existierenden Möglichkeiten wissen, die Freiheit des Geistes und des Herzens zu erleben.

Eines der schönsten Geschenke, das mein Beruf als Meditationslehrer mir macht, ist es, Menschen jeden Alters zu begegnen, die, wenn sie tatsächlich darangehen, Bewußtheit, Achtsamkeit, Mitgefühl und liebende Güte in sich zu entwickeln, zu blühen beginnen wie Gärten. Es ist, als ob die Samen im Boden verborgen lägen, wie lange auch immer, und wenn sie dann gewässert und genährt werden, erwachsen überraschende, neue, wundervolle Dinge daraus. Wir können zu jedem Zeitpunkt damit beginnen: Die Entscheidung liegt ganz bei uns.

Zusammenfassung

Der Sinn, der aller Meditation und Dharma-Praxis zugrunde liegt, ist die Befreiung des Herzens, der Weg, das Herz zu Freiheit und innerem Frieden zu führen. Solange wir uns mit unserem »kleinen Selbst« identifizieren, das auch »Körper der Angst« genannt wird, fühlen wir uns getrennt vom Rest der Welt. Dann fühlen wir Furcht, Gier, Abhängigkeit und Unsicherheit. Dadurch, daß wir unsere wahre Natur erkennen und Mitgefühl üben, können wir die Angst loslassen und in einer Offenheit des Herzens und des Geistes ruhen, die sich nicht als getrennt von der sie umgebenden Welt erfährt. In dieser Offenheit erscheinen die Dinge und verschwinden wieder; sie folgen dem ewigen Gesetz von Geburt und Tod. Nur das reine Gewahrsein ist zeitlos, frei, dem Tod nicht unterworfen. Der tibetische Lama Kalu Rinpoche drückte diesen Zustand einmal mit folgenden Worten aus: »Ihr lebt in der Illusion der Erscheinung der Dinge. Es gibt eine Wirklichkeit, doch ihr kennt sie nicht. Wenn ihr sie versteht, werdet ihr sehen, daß ihr nichts seid, und da ihr nichts seid, seid ihr alles.«

7
Claude AnShin Thomas

Der Amerikaner Claude AnShin Thomas *ist Vietnam-Kriegsveteran und Schüler der Zen-Lehrer Thich Nhat Hanh und Bernard Tetsugen Glassman Roshi. Nach einer von Gewalt geprägten Kindheit meldete er sich als Siebzehnjähriger freiwillig zum Einsatz in Vietnam. Er bekennt, für den Tod vieler Menschen verantwortlich zu sein. Als Drogenabhängiger und schwerer Alkoholiker begegnete er 1991 Thich Nhat Hanh, der ihn zum Anschauen und Berühren seines Leids aufforderte. Claude AnShin Thomas ist seit 1994 Soto-Zen-Mönch in dem von Glassman Roshi neu gegründeten Orden der* Zen Peacemaker Priests. *Er leitet Meditationsseminare speziell für Kriegsveteranen und Menschen, die im sozialen Bereich tätig sind.*

Porträt

Ich lerne Claude AnShin Thomas während eines von ihm angeleiteten Achtsamkeitstages in Berlin kennen, an dessen Ende er mir seinen Werdegang anvertraut:

Ich bin in den frühen Morgenstunden des 21. November 1947 in Meadville/Pennsylvania auf die Welt gekommen. Mein Vater hatte während des Zweiten Weltkriegs als Soldat gedient und war jetzt Polizist in dieser kleinen Stadt. Dann gab er diesen Job auf, ging zur Universität und wurde Lehrer. Meine Mutter arbeitete als Bedienung, wusch anderer Leute Wäsche. Wir waren eine normale Familie, aber keine besonders friedliche. Ich erinnere mich an alle möglichen Formen von Gewalt: Türen, die zugeschlagen wurden, Teller und Tassen, die durch die Luft flogen, Brüllen, Kreischen. Immer wenn ich etwas angestellt hatte, wurde ich geschlagen. Meine Eltern sagten, sie schlugen mich aus Liebe. So entstand in meinem Kopf eine Verbindung zwischen dem Wort Liebe und Gewalt.

Heute bin ich der Meinung, daß das, was unsere Kultur, unsere ganze Erziehung uns als »Liebe« verkauft, keine wirkliche Liebe ist, nur eine Vorstellung davon. Es ist eine überwiegend materiell orientierte Liebe, oberflächlich und ohne Tiefe. Ebenso reden wir über das Glück und die Freude; wir verwechseln sie mit Vergnügen. Wir kaufen zum Beispiel einen neuen Mantel, fühlen uns wohl darin und sagen, wieviel Glück, wieviel Freude uns dieser Kauf bereitet hat. Aber das stimmt nicht; es ist Vergnügen. Dieses Gefühl kommt und vergeht relativ schnell. Freude dagegen ist reicher, tiefer.

Dasselbe gilt auch für das Phänomen Liebe. Unsere Gesellschaft hat diesen Begriff konditioniert in bezug auf das Verhältnis zwischen den Geschlechtern, in bezug auf Sexualität, auf eine exklusive Beziehung zwischen Menschen. Das empfinde ich als Einschränkung, denn wirkliche Liebe ist nicht restriktiv, nicht einengend oder fordernd. Für mich manifestiert sich Liebe, wie ich sie heute verstehe, als eine Verbundenheit aller Wesen, in der Erkenntnis, daß ich heute fühle, ich bin nicht anders, nicht getrennt vom Universum. Für mich bedeutet Liebe das Ende meiner existentiellen Einsamkeit, auch wenn ich mich zuweilen einsam oder isoliert fühle.

Mit dem Zen-Studium habe ich im Alter von 14 Jahren begonnen. Es war mir immer wichtig, die östlichen Lehren nicht einfach zu kopieren, ich wollte sie vielmehr wie ein herrliches Essen in mich aufnehmen, sie »kauen«, »verdauen« und sehen, wie sie sich in mir manifestieren. Ich denke, der höchste Respekt, den ich dem Dharma erweisen kann, der höchste Respekt, den ich Buddha Shakyamuni erweisen kann, der höchste Respekt, den ich der buddhistischen Glaubenslehre, in der ich ordiniert wurde, bezeugen kann, ist es, den Lehren zu erlauben, in mir und durch mich lebendig zu werden. Das war nicht immer so.

Mit 17 Jahren kam ich zum Militär, mit 18 kämpfte ich als Soldat im Vietnamkrieg. Dieser Krieg, die Erfahrung des Tötens, veränderte bzw. formte mein Leben. Nach diesem Krieg war es mir nicht mehr möglich, das Leben so zu berühren, wie es Leuten möglich war, die diesen Krieg nicht erlebt hatten. Es war mir nicht mehr möglich zu arbeiten, es war mir nicht mehr möglich, ein Leben zu leben, das man in irgendeiner Hinsicht als »normal« hätte bezeichnen können. Durch meine Erfahrungen in Vietnam war mir das ganze Ausmaß menschlichen Leidens voll bewußt geworden, und es war mir unmöglich, dieses Leiden zu ignorieren oder mich davor zu verstecken. Ich war hautlos geworden durch diesen Krieg, und es gab, als er vorbei war, zunächst kein Verständnis, keine Hilfe oder Unterstützung für mich. Ich kämpfte verzweifelt darum, meinen Weg zu finden, doch wohin ich auch blickte, überall sah ich Menschen leiden, und gleichzeitig sah ich das Nichtwahrhabenwollen, das Leugnen dieses Leidens.

In manchen Fällen wird das Leiden so kraftvoll, daß es nicht als abrufbare Erfahrung im Bewußtsein der betroffenen Menschen bleibt, es wandert in tiefere Dimensionen und beeinflußt von dort aus das Verhältnis des Menschen zu seiner Umgebung. Ich fühlte es als einen Schleier oder Vorhang zwischen mir und der Welt. Der Mensch hat dann zwar eine Ahnung, daß etwas mit ihm nicht in Ordnung ist, aber er kann dieses Etwas nicht benennen. Das, was hinter dem Vorhang liegt, nimmt er nur verzerrt wahr. So erging es auch mir. Ich hatte Zugang zu einigen meiner Erfahrungen, andere wiederum sind mir erst sehr viel später zugänglich geworden.

Dominierend während dieser Zeit war mein Gefühl des Abgetrenntseins. Ich wußte, daß die Tatsache, daß ich mich abgetrennt fühlte, etwas mit meinem Leiden zu tun hatte, ich wußte aber seit Vietnam auch, wie kraftvoll ein Mensch sich mit anderen Menschen verbinden kann. Niemals zuvor in meinem Leben hatte ich mich jemandem so nah gefühlt wie meinen Mitsoldaten während des Vietnamkriegs; es waren sehr tiefe und kraftvolle Beziehungen, die absolut nichts mit dem zu tun hatten, was man mich jemals gelehrt hatte. Die Umstände dieses Kampfes schweißten uns zusammen, und es spielte keine Rolle, welche Hautfarbe oder Religion jemand besaß, aus welchem familiären Hintergrund er kam, welchen sozialen Status er vor dem Krieg gehabt hatte. Einzig und allein wichtig war, daß wir zusammenhielten und zusammenarbeiteten; unser Überleben hing davon ab, daß jeder sich für das Leben des anderen verantwortlich fühlte. Dabei war es wichtig, anonym zu bleiben. Beim Militär habe ich gelernt, niemanden gefühlsmäßig zu nah an mich heranzulassen, um die Aufgabe nicht zu gefährden. Einen verletzten oder sterbenden Freund hätte ich nicht so einfach zurücklassen können; mein Leben und das der anderen wäre dadurch in Gefahr geraten, und ich hatte mich verpflichtet, nützlich zu sein, das Leben zu schützen.

Ich und viele andere lebten mit diesem großen Paradoxon:

der Vorstellung, Leben zu schützen, indem wir das der gegnerischen Seite nahmen. Wir lebten ganz auf den Augenblick konzentriert, denn keiner konnte sicher sein, ob er eine Sekunde später noch lebte oder tot war. Essentiell ist Leben immer so, wie ich es damals erlebte, allerdings ohne den Aspekt des Tötens, denn keiner von uns weiß, ob er im nächsten Augenblick leben oder tot sein wird. Aber wir ziehen uns in die Welt der Illusion, Maya, zurück, glaubend, wir hätten mehr als nur den Augenblick.

Als ich wieder in die »normale« Gesellschaft eintauchte, vermißte ich dieses intensive Zusammengehörigkeitsgefühl. Mir schien es, als gebe es nur noch oberflächliche, künstliche Beziehungen ohne jede Tiefe. Ich fühlte mich leer und abgetrennt von allem, was mir wichtig war. Denn auch zu denjenigen, die wir bekämpften, unseren Feinden, hatte ich eine innere Beziehung aufgebaut. Wir waren alle Soldaten. Ich erinnere mich an eine Stadt namens Wung-Tao, nahe Ho-Chi-Minh-Stadt, damals Saigon, nahe am Südchinesischen Meer gelegen. Es gab dort herrliche Strände, warmes Wasser. Wir amerikanischen Soldaten wurden manchmal für einen Kurzurlaub dorthin geschickt, auch die Vietkong schickten ihre Soldaten zu diesem Zweck an diesen Strand. Ohne Uniform, ohne den Zwang, töten zu müssen, konnten wir uns hier begegnen, einander akzeptieren, den Mut der anderen, ihre Fähigkeiten schätzen lernen. Noch heute sind Strände Orte, wo ich mich intuitiv sicher fühle.

Nachdem ich Vietnam verlassen hatte, verbrachte ich einige Zeit in einem Krankenhaus. Dann fing ich an, Sport zu studieren. Kriegsverletzungen zwangen mich, das Studium aufzugeben. Ich begann Literatur zu studieren, fing an zu schreiben. Das war damals die einzige Möglichkeit, mich mit dem, was ich erlebt hatte, auseinanderzusetzen. Jedesmal, wenn ich jemandem über das, was ich im Krieg erlebt hatte, erzählen wollte, sagte derjenige: »Das ist vorbei, zu Ende, erledigt. Du hast überlebt. Vergiß es.« Selbst mein Vater drängte mich zu vergessen. Ich wurde Englischlehrer, doch hielt ich es nirgends lange aus. Kam ich irgendwo neu hin, fielen mir sofort Mißstände und Manipulationen auf. Schließlich landete ich an der Peripherie der Gesellschaft.

Da ich glaubte, nur als Soldat etwas zu taugen, verfolgte ich Aktivitäten, für die ich meine Soldatenausbildung weiterhin nutzen konnte. Oft unter Einsatz meines Lebens schmuggelte ich Drogen, kostbare Steine, Schmuck, Gold. Ich wollte zwar nicht sterben, aber gleichzeitig wollte ich auch nicht leben mit diesem überwältigenden Gefühl des Isoliertseins. Ich lebte damals in Massachusetts, wo ich heute noch wohne, nahm alle Arten von Drogen und war schwerer Alkoholiker, um mein schmerzendes Bewußtsein zu betäuben.

Im Mai 1983 entschied ich mich für einen Aufenthalt in einer Reha-Klinik, um von den Drogen loszukommen. Ich blieb 30 Tage, und seitdem habe ich nie wieder einen Tropfen Alkohol berührt und keine Drogen mehr zu mir genommen. Ab diesem Punkt war ich in der Lage, klarer zu sehen, ab da gab es für mich die Möglichkeit zur Heilung. Zum erstenmal im Leben erhielt ich Unterstützung von außen und ließ mich darauf ein, denn tief in meinem Inneren spürte ich, daß sich mein Leben verändern könnte, daß es mehr gab als das, was ich erlebt hatte, bloß daß ich noch nicht wußte, wie ich dorthin gelangen konnte. Ich fühlte mich gefangen wie ein Vogel im Käfig. Die Therapie öffnete eine Tür für mich, und ich flog heraus.

Etwa einen Monat nachdem ich die Klinik verlassen hatte, saß ich am Steuer meines Wagens, und zum erstenmal wurde mir bewußt: Ich sehe die Farbe Grün. Es war im Juni, und da, wo ich lebe, gibt es viel Wald. Und ich sah dieses Grün in einer vorher so niemals erlebten Intensität. Ich stellte den Wagen ab, stieg aus und weinte, so sehr überwältigte mich diese bislang unbekannte Schönheit. Plötzlich nahm ich die Schönheit des Himmels über mir wahr und viele andere Dinge, die mich zum erstenmal wirklich berührten. Anfangs wollte ich diese Erfahrungen festhalten, sie einsperren wie in einen Käfig, um sie nie wieder zu verlieren, doch dann begriff ich, daß ich loslassen mußte, um für neue, vielleicht noch herrlichere Erfahrungen empfänglich zu sein. Während dieses Prozesses erfuhr ich das Wesen der Vergänglichkeit aller Dinge, ohne mir dessen bewußt zu sein.

Ich glaube, damals habe ich zum erstenmal in meinem Leben die Freude berührt. Ich fühlte eine tiefe Verbundenheit mit der Welt, einfach, indem ich die Farbe Grün zum erstenmal richtig wahrnahm. Um auch zu Menschen richtig in Beziehung treten zu können, brauchte ich sehr viel länger. Ich mußte erst die Natur meines eigenen Leidens erkennen und mich fragen: Wie verlief meine gesellschaftliche Konditionierung, wie begegne ich anderen Menschen? Ich mußte mir all der ungesunden Weisen bewußt werden und gesündere Arten, Kontakte zu schließen, entwickeln.

Je mehr ich mir meiner selbst bewußt wurde, um so mehr verbesserten sich auch meine Beziehungen zu anderen Menschen. Ich begriff: Es ist nicht möglich, mit anderen klarzukommen, bevor ich nicht im Frieden mit mir selbst lebe. Ich kann andere nicht erkennen, wenn ich mich selbst noch nicht erkannt habe, und ich kann mich selbst nicht kennen, ohne andere zu kennen, denn es geschieht durch Interaktion mit anderen, daß mir die Natur meines Leidens deutlich wird: mein Ärger, meine Aggressionen, all diese Dinge. Und wenn diese Dinge aufsteigen, liegt es in meiner Verantwortung, sie zu benennen, mich ihnen zuzuwenden und zu fragen: Wie kann ich ihnen begegnen? Welche Möglichkeiten gibt es, damit umzugehen?

Nach etwa sieben Jahren auf diesem Pfad geschah etwas ebenso Einfaches wie Tiefgründiges: All meine Vietnamerfahrungen, die mir bislang verborgen gewesen waren, traten plötzlich ins Licht meines Bewußtseins, wurden enthüllt. Die Erinnerung setzte auf einmal und mit aller Macht ein. In diesem Augenblick glaubte ich, verrückt zu werden. Aber da ich bereits Übung darin hatte, mit dem, was mich berührte, freundlich umzugehen, wußte ich: Auf spiritueller Ebene ist für mich gesorgt. Ich werde nicht mehr Dinge bewußt erkennen müssen, als ich im jeweiligen Augenblick bewältigen kann. Es ist eine tiefe Wahrheit für mich geworden, daß ich an jedem Tag meines Lebens und in jeder Minute nur so viel bewältigen muß, wie es mir möglich ist; daß, was auch immer ich empfange, o.k. ist, daß ich damit klarkomme. Auch wenn es auf den ersten Blick zuviel zu sein scheint, ist es nicht zuviel. Ich akzeptiere es, wie es ist, und schaffe das, was vor mir liegt, weil ich es nicht schaffen muß. Ich muß es nicht mehr hinter mich bringen, ich muß statt dessen lernen, damit zu sein.

Als ich zum erstenmal erkannte, wie tief Vietnam mich geprägt hatte, wußte ich nicht, ob ich das Wissen darüber ertragen können würde. Mein erster Impuls war, wieder Drogen zu nehmen, um diesen wahnsinnigen Schmerz zu betäuben. Aber ich hatte mir das Versprechen gegeben, es nie wieder zu tun, statt dessen ging ich für einen kurzen Aufenthalt von zwei Wochen zurück in die Reha-Klinik.

Es war mir während meiner Krisen nie möglich, staatliche Hilfsorganisationen aufzusuchen. Es gibt in den USA den Verband der Kriegsveteranen, wo die Beauftragten spezielle Wiedereingliederungsprogramme für Veteranen anbieten sollen. Aber wie bei jeder Organisation ist dies nicht ihr primäres Ziel. Ihr Ziel ist, die Organisation am Laufen zu halten und ihre Jobs abzusichern, es bedeutet, daß sie ein Budget zu verwalten haben und daß sie nicht die Versorgung anbieten, die zu leisten sie sich verpflichtet haben, weil ihnen das Geld fehlt. Dies ist ein weiteres gesellschaftliches Paradoxon.

Eine Sozialarbeiterin, die ich bereits von meinem früheren Aufenthalt in der Klinik kannte, erzählte mir von einem vietnamesischen Zen-Mönch namens Thich Nhat Hanh, der erfolgreich mit Vietnamveteranen gearbeitet habe. Sie meinte, es sei schade, daß ich ihn nicht in seinem Kloster in Frankreich aufsuchen könne, da ich kein Geld habe. Dann sagte sie, Thich Nhat Hanh habe Bücher geschrieben, die ich lesen könne, und sie schrieb die Titel für mich auf.

Einige Monate später drückte mir jemand aus meiner Therapiegruppe einen Prospekt in die Hand, in dem ich den Hinweis fand, daß dieser Mönch in einem Zentrum nicht weit von uns entfernt ein Retreat speziell für Vietnamveteranen anbot. Markiert war der Hinweis: »Wir bieten Stipendien an. Machen Sie sich keine Sorgen, was die Bezahlung betrifft.«

Ich fuhr hin und begegnete Thich Nhat Hanh zum erstenmal. In meinen Augen sagte er nicht nur die Wahrheit, er verkörperte sie auch mit seinem ganzen Wesen. Am eindrücklichsten war, daß ich selbst bereits die Wahrheit in dem, was er sagte, erkannt hatte, und indem ich diesen vietnamesischen Zen-Mönch diese Wahrheit aussprechen hörte, fühlte ich mich unterstützt und ermutigt; es war wie eine Anerkennung. Am Ende des Retreats ging ich zu seiner Assistentin, der Nonne Chân Không, und entschuldigte mich für mein Töten in Vietnam. Ich weinte, und aus meinem Mund kamen wie von selbst die Worte: »Ich will zurück nach Vietnam.« Sie sagte: »Möglicherweise ist es nicht hilfreich für Sie, gerade jetzt nach Vietnam zu reisen, denn man könnte Ihre Schuldgefühle ausbeuten; Heilung wäre unter solchen Umständen nicht möglich.« Sie fuhr fort: »Kommen Sie nach Plum Village, unserem Kloster in Frankreich. Kommen Sie, wir können Ihnen helfen.«

Ich sagte spontan zu. Niemand in meinem Land hatte jemals einen solchen Satz zu mir gesagt. Und – das war der Feind, gegen den ich angetreten war. Dann bekam ich Briefe von Veteranen, die ebenfalls an diesem Retreat teilgenommen hatten. In den Briefen lagen Schecks über 10 Dollar, 5 Dollar; ich konnte mir einen Fahrschein kaufen und fahren.

Zwei Tage nachdem ich zugesagt hatte, nach Plum Village zu reisen, wurde ich von einer riesigen Angst verzehrt. Und diese Angst sprach zu mir: »Der einzige Grund, warum man dich dorthin einlädt, ist der: Sobald du dort ankommst, wird man dich gefangennehmen. Wegen deiner Kriegsverbrechen wird man dich vor Gericht bringen, und dann wird man dich entweder ins Gefängnis werfen oder töten.« Es war die Manifestation meiner Angst, die da sprach, denn in Vietnam hatte ich mit eigenen Augen gesehen, wie meine Kameraden von Mönchen getötet wurden, von Männern in Mönchsroben.

Thich Nhat Hanh und Chân Không gaben mir die Möglichkeit, mit meinem Leiden in Berührung zu kommen, und ich ergriff sie trotz meiner großen Angst. Während meines ersten sechswöchigen Besuchs in Plum Village lebte ich in der vietnamesischen Gemeinschaft, und jeder Augenblick, jedes Gesicht, jeder Ort dort konfrontierte mich mit Bildern und Visionen aus dem Krieg, doch ich nahm die Verantwortung auf mich und versuchte mich durch die Berührung mit meiner Angst zu heilen. Seither kann ich mich mehr und mehr öffnen. Über drei Jahre verbrachte ich immer wieder einige Monate in Plum Village, und die positiven Erfahrungen, die ich aus dieser Zeit bezog, sind unermeßlich. Das, was ich heute sein kann, verdanke ich ihnen.

1992 fand in Plum Village ein Retreat für Menschen in helfenden Berufen statt, in dessen Verlauf ich aufgefordert wurde, öffentlich über meine Erfahrungen zu sprechen. Ich gab Drogen und Alkohol am 28.5.1983 auf. Jedes Jahr feiere ich dieses Datum mit einem Ritual, spreche darüber, wie mein Leben gewesen ist. In Plum Village wurde dieses Thema Inhalt eines Dharma-Gesprächs. Ich sprach über den Krieg in Vietnam. Dieses Sprechen verursachte eine weitere innere Öffnung, und ab diesem Zeitpunkt wurde ich eingeladen, öffentlich zu sprechen, zuerst am Naropa-Institut in Boulder/Colorado, einem College, das Chögyam Trungpa Rinpoche gründete. Ab da begann mein Leben sich zu entfalten und immer weiter zu öffnen. Es gleicht jetzt einem Rosenbusch in voller Blüte, mit

Tausenden von Knospen. 1994 traf ich jemanden, der bei Bernard Glassman Roshi studierte. Er heißt Michael Digel O'Keefe und wurde von Glassman Roshi zum Friedenspriester ordiniert. Er machte den Vorschlag, mich Glassman Roshi vorzustellen.

Irgendwann hatte Thich Nhat Hanh mich gefragt, ob ich in seinem Orden zum Mönch ordiniert werden wolle. Ich fühlte mich geehrt, konnte mir aber nicht vorstellen, auf Dauer im Kloster zu leben. Thich Nhat Hanh hatte viele Male betont, im Befolgen der Achtsamkeitspraxis würde jeder Mensch zu seinen wahren Wurzeln finden. Ich traf Glassman, der mir in Yonkers, New York, Beispiele seiner Arbeit zeigte. Eine Woche später besuchte ich ihn erneut. Wir saßen 15 Minuten in stiller Meditation, dann sah er mich an und sagte: »Ich möchte Sie zum Priester ordinieren.« Ich war schockiert und antwortete: »Sie kennen mich doch gar nicht.« Darauf er: »Ich kenne Sie ausreichend.«

Als Thich Nhat Hanh mir damals anbot, Mönchsroben zu tragen, erwiderte ich erschrocken: »Nur Mönche können sie tragen«, und Thich Nhat Hanh antwortete: »Sie sind mehr Mönch als ein Mönch.« Ich hielt dies für intellektuelles Geplänkel, verstand nicht die Tiefe dessen, was er sagte. Zu sehr war ich damals mit meinem Leiden beschäftigt, meiner Scham und meinen Schuldgefühlen. Jetzt aber, als Glassman dies sagte, hörte ich hin, fragte: »Was erwarten Sie von mir?« Er: »Nichts, außer daß Sie Ihr Leben der Meditation widmen und daß Sie das, was Sie begonnen haben, fortsetzen.«

Diesmal konnte ich annehmen. Glassman steht in der Tradition des japanischen Soto-Zen, und ich hatte bereits mit 14 Jahren begonnen, Zen zu üben. Einem westlich geprägten Orden fühlte ich mich als Amerikaner eher zugehörig als einem vietnamesischen Orden.

Meine erste Ordination fand in Auschwitz statt, an einer Seite des Krematoriums. Es war auch Bernard Glassman Roshis erste Reise dorthin. Glassman stammt aus einer jüdischen Familie. Durch die Verbindung mit mir war es ihm möglich, diesen für ihn wichtigen Ort zu berühren. Wir hielten eine Zeremonie ab, und dann ging ich auf Pilgerschaft, eine Strecke von 9000 Kilometern, beginnend in Auschwitz bis nach Vietnam. Je weiter ich ging, um so sicherer war ich mir, daß ich Priester werden würde.

Am 6. August 1994, dem Hiroshima-Gedenktag, wurde ich zum Soto-Zen-Friedenspriester ordiniert. Zusätzlich legte ich noch zwei weitere Gelübde ab: alle Kriege in meinem Leben zu beenden und alle Leiden zu beenden. Möglichkeiten hierzu ergeben sich in jedem Augenblick und bei jeder Begegnung. Es handelt sich bei meiner Entscheidung nicht um eine beliebige soziale Aktion oder eine bestimmte Therapie, die ich mir verordnet hätte. Priester zu sein bedeutet für mich nicht, mich in der Pseudosicherheit einer neuen Rolle zu verstecken, sondern alles zu verkörpern, wofür die Robe des Priesters steht.

Kürzlich bot sich mir die Möglichkeit, mit Jugendlichen, Angehörigen einer Straßengang, zu sprechen. Einer der jungen Männer fragte mich:»Wie werde ich Zen-Meister?« Ich sagte zu ihm:»Du bist es bereits, du mußt es nur erkennen. Was ich dir geben kann, sind die Werkzeuge, die dir helfen.« So bat ich zwei Leute aus der»Gemeinschaft für Achtsamkeit«, regelmäßig einmal die Woche Unterricht in Sitz-, Geh- und Eßmeditation zu geben. Dies ist ein etwas marktschreierisches Beispiel, ein anderes ist die Art und Weise, wie ich Menschen auf der Straße begegne, sie grüßend anschaue, anstatt wegzuschauen, wie ich mich verhalte, esse, atme...

Ich habe mich entschieden, weniger am Prozeß der Zerstörung von Leben teilzunehmen. Ganz läßt es sich nicht vermeiden, doch bin ich mir heute viel bewußter, wo und wie ich im Leben stehe. Ich versuche, mit größter Achtsamkeit im gegenwärtigen Augenblick zu sein, ich atme sehr bewußt und tief ein und aus und erlaube dem Leben, sich für mich zu entfalten, ohne zu versuchen, es zu kontrollieren oder zu manipulieren, und während dieses Prozesses schaue ich: Was kann ich tun, um anderen Lebewesen von Nutzen zu sein? Das heißt für mich, dem Dharma zu dienen.

Heute wohne ich in einem kleinen Cottage in Concord/Massachusetts. Ich lebe seit zwei Jahren zusammen mit meinem Sohn, den ich verließ, als er drei Jahre alt war. Durch meinen Heilungsprozeß kamen wir wieder zusammen, und je länger wir zusammen sind, um so enger wird unsere Beziehung. Er ist jetzt 25 Jahre alt.

Ich gehe keinem Beruf nach, bekomme eine kleine Rente vom Staat, freiwillige Spenden, z. B. in Form eines Computers, oder E-Mail, weil Freunde der Meinung sind, so könnten wir effizienter kommunizieren. Ich habe den Wunsch, ein Zentrum zu gründen. Dafür muß ich um die 400 000 Dollar aufbringen. Dieser Betrag wäre ausreichend, um für die Räume zu sorgen, Büros für die Zaltho-Zen-Foundation, und einen Platz zu bieten, wohin Menschen kommen und einige Zeit verbringen können. Ich stelle mir kein Retreat-Zentrum vor, sondern einen Ort, wo täglich praktiziert werden kann, wo soziale Aktivitäten stattfinden, wo nicht exklusiv Soto-Zen praktiziert wird, sondern wo auch andere Gruppen Raum haben.

Es wäre schön, ein Zentrum in Concord zu haben und eins in Europa. Diese Zentren sollten nicht allein von meiner Aktivität abhängen. Ich würde mir wünschen, daß sie von Menschen, die auch auf dem Weg sind, belebt und getragen würden. Ich könnte spirituelle Unterstützung und die Ausrichtung geben, alle anderen könnten dann die Arbeit machen, die sie tun möchten. Es wird von den Menschen selbst abhängen, ob ein solches Zentrum zustande kommt. Buddha hat in seinen Belehrungen davon gesprochen, die Identität der Menschen zu respektieren, aber auch davon, die Menschen zusammenzubringen.

Die buddhistische Lehre enthält nicht sehr viel Theoretisches. Es geht darum, daß *wir* aktiv den Dharma verkörpern. Buddha existiert in jedem von uns. Ich verstehe mich als Instrument der Lehre Buddhas, und ich erlebe immer wieder, daß Menschen, die die Lehre berühren, etwas ungeheuer Kraftvolles *in sich* berühren. Sie fühlen sich unterstützt, ermutigt, umsorgt, sie fühlen sich eingeladen, wirklich zu akzeptieren, daß sie auf diesem Planeten Erde sind, daß sie allein sind und doch nicht allein sind, sondern verbunden mit allem, was ist. An welchem Ort der Welt ich auch bin, öffne ich mich der Realität der jeweiligen Umgebung und stelle mir die Frage: Welcher Art ist das Leiden hier? Wie kann ich dem Dharma an diesem Ort dienen? Und die Gelegenheiten präsentieren sich immer.

Das Wichtigste bleibt für mich der Wunsch, dazu beizutragen, daß die Verbundenheit aller Lebewesen sich immer wieder manifestieren kann, daß wir uns trotz aller individuellen Verschiedenheit treffen können an diesem Punkt jenseits von Ideologien, jenseits von Philosophien, politischen Standpunkten, jenseits auch des Intellekts. Man könnte sagen, ich sei nach Hause gekommen, und doch bleibt mein Leben schwierig. Ich habe noch immer Schlafstörungen, plötzliche Geräusche erschrecken mich, während der Gehmeditation erwarte ich noch immer, erschossen zu werden, ich fühle noch immer dieselbe Friedlosigkeit in mir, aber ich habe Frieden mit ihr geschlossen; sie ist zu einem hilfreichen Werkzeug auf meinem Weg geworden.

Zusammenfassung

Claude AnShin Thomas' großes Lebensthema ist das Leid. Wie manifestiert es sich, und wie können wir es liebevoll berühren, so daß es uns und die Welt nicht zerstört? Alle spirituellen Traditionen betonen, daß der einzige Weg zur

Freude, zur Erleuchtung durch das Leid hindurch führt. Claude sagt: »Wenn wir uns selbst heilen, dann werden wir wie ein Kieselstein, den wir in einen Teich werfen und der Wellen schlägt. Wenn ich Heilung finde, finden auch meine Eltern und meine Familie Heilung. Und wenn meine Familie Heilung findet, wirkt sich das weiter aus auf die gesamte Gesellschaft.«

8
Richard Baker Roshi

Er ist Zen-Lehrer, Intellektueller und ein hervorragender Unterhalter. Sein Wortwitz, kombiniert mit menschlicher Wärme, ließ ihn zu einer der bekanntesten Persönlichkeiten der buddhistischen »Szene« werden. Richard Baker Roshi ist Dharma-Erbe des Japaners Shunryu Suzuki Roshi, der als einer der ersten den Zen-Buddhismus in den Westen brachte. Beide gründeten das San Francisco Zen Center und das Tassajara-Kloster. 1987 gründete Baker Roshi das auf 2800 Meter Höhe gelegene Crestone Mountain Zen Center im US-Staat Colorado, 1996 das Buddhistische Studienzentrum im Johanneshof, im südlichen Hochschwarzwald. Hier finden regelmäßig von ihm geleitete Seminare und Sesshin statt. Baker Roshis Ziel ist es, in Europa eine starke buddhistische Laienbewegung ins Leben zu rufen. Seine Arbeit im Johanneshof wird unterstützt durch seine langjährigen Schüler Gisela und Gerald Weischede.

Porträt

Im Anschluß an ein von ihm im Johanneshof geleitetes Meditationsseminar antwortet Baker Roshi auf meine Fragen, wie er als junger Amerikaner den Weg zum Buddhismus fand:

Ich bin 1936 in Neuengland geboren; als ich anderthalb Jahre alt war, zogen wir nach Indiana, verbrachten aber weiterhin jeden Sommer im Strandhaus meiner Großeltern in Maine. Ich bin auf dem Land und in der Nähe des Ozeans großgeworden, und es war insgesamt gesehen eine schöne Zeit. Die natürliche Reinheit meiner Kinder- und Jugendjahre ist eine bleibende Erinnerung für mich. Als ich elf wurde, zogen wir nach Pittsburg, Pennsylvania; mein Vater hatte an der dortigen Universität eine Professur angeboten bekommen. Und so, wie ich zuvor den Wald und den Strand erforscht hatte, kletterte ich nun anstatt in den Bäumen in den Gebäuden dieser großen Stadt herum. Wenn auch die innerste Erfahrung dieser Jahre mich zur Meditation geführt hat, so gibt es, von außen gesehen, kein Ereignis aus dieser Zeit, das das von der Norm abweichende Leben, das ich heute führe, in irgendeiner Weise vorhersehbar gemacht hätte. Ich sehe aber einen inneren Zusammenhang zwischen der Art, wie ich als Junge Tage und Abende erlebte, und der tiefen Befriedigung, die ich später in der Meditation erfuhr. Wie dem auch sei, das Leben, wie ich es heute führe, entwickelte sich in erster Linie durch äußere Umstände und Zufälle; seine Wurzeln sind nicht in der Vergangenheit zu finden.

Während meiner Ausbildungsjahre beschäftigte ich mich mit vielen unterschiedlichen Dingen und kümmerte mich nicht um Lehrpläne oder Ziele. Ich studierte einfach, was mich interessierte, wie zum Beispiel Geschichte, Literatur, Architektur, Philosophie, Naturwissenschaften und Soziologie, ohne ein bestimmtes Programm zu verfolgen.

Ich war 25 Jahre alt, als ich Shunryu Suzuki Roshi begegnete, und ich hatte in jenen Tagen das starke Gefühl, daß die Gesellschaft, in der ich lebte, korrupt war. Ich fühlte mich nicht aufgerufen, darin einen Platz einzunehmen. Der Gedanke an eine Karriere stieß mich ab, ich war nicht daran interessiert, irgendeinen Universitätsabschluß zu machen; ich verweigerte den Militärdienst, ging nicht zur Wahl. Meine Vorstellung von unschädlicher Arbeit bestand damals darin, Pfandflaschen einzusammeln und zurückzugeben. (In jenen Tagen war alles aus Glas, und man bekam für das Zurückbringen der Flaschen ein bißchen Geld.) Meist arbeitete ich in Kaufhäusern und lebte von sehr wenig Geld.

Als ich im Herbst 1960 beschloß, New York City zu verlassen, hatte ich eine vage Vorstellung, vielleicht eines Tages einem Zen-Meister zu begegnen. Ich hielt es zwar für unwahrscheinlich, aber der Gedanke tauchte irgendwann in meinem Hinterkopf auf. Ich hatte Mitte der fünfziger Jahre angefangen, Literatur über Buddhismus, über Asien und Zen zu lesen. 1957 unterbrach ich das College für zwei Jahre und verdiente meinen Unterhalt auf Schiffen der Handelsmarine auf Reisen nach Afrika und in den Nahen Osten. Während dieser Zeit las ich fast ununterbrochen europäische Autoren: Joyce, Proust, Rimbaud, die Bücher der Beat-Generation und so viel chinesische und japanische Dichtung, wie ich auftreiben konnte.

Die meisten Werke der Beat-Literatur neigten dazu, einen positiv wertenden Blick auf buddhistisches Gedankengut zu richten und einen bilderstürmerischen, eher abwertenden Blick auf die amerikanische Gesellschaft, darunter besonders die Bücher von Gary Snyder und Jack Kerouac. Aber mehr als alle anderen war es der amerikanische Dichter Ezra Pound, der mir den asiatischen Geist nahebrachte.

Doch nichts von alledem war es, was mich beeinflußte, nach Kalifornien zu ziehen. Es ging mir eigentlich nur um eine kleine Unterbrechung meines New Yorker Lebens. Ein

Freund kaufte für mich den 85-Dollar-Fahrschein nach San Francisco. Bei meiner Ankunft hatte ich noch genau 35 Dollar in meiner Tasche. Ich wanderte ein bißchen herum und fand nach einigem Suchen einen Job in einer großen Buchhandlung. Ich mochte es, in der Nähe von Büchern zu arbeiten, weil ich mir nicht leisten konnte, sie zu kaufen. Damals ging ich viel in chinesische und japanische Restaurants und hatte eine Leidenschaft für Samuraifilme entwickelt. Obwohl ich die vage Vorstellung, eines Tages einem Zen-Meister zu begegnen, noch immer mit mir herumtrug, bemühte ich mich nicht aktiv darum. Dann, als ich eines Tages einem befreundeten Maler einen Samuraifilm beschrieb, den ich gesehen hatte – ich illustrierte meine Erzählung mit einem imaginären Schwert, das ich in meiner erhobenen Hand hielt, und mit einem wirklichen Schrei –, in diesem Augenblick deutete der Inhaber der Buchhandlung, George Fields, von seinem Schreibtisch aus genau auf mich und sagte: »Du solltest Suzuki Sensei kennenlernen.« Nachdem ich mein imaginäres Schwert wieder eingesteckt hatte, fuhr er fort: »Er ist Zen-Meister der anderen Art«, womit er ausdrücken wollte, nicht Rinzai, »und hält heute abend einen öffentlichen Vortrag wie jeden Mittwochabend. Er ist ein wunderbarer Mensch. Du solltest hingehen.«

So beschlossen mein Freund und ich, in Suzuki Senseis Vortrag zu gehen und Abendessen und Samuraifilm zu verschieben. Wir setzten uns. Der kleingewachsene Mann, der überhaupt nichts Kleines an sich hatte, betrat den Raum. Er war völlig präsent. Ohne daß er etwas sagen oder tun mußte, wirkte er strahlend. Eine Art Leuchten ging von ihm aus. Er vermittelte den Eindruck, im Zentrum der Welt zu stehen. Und er vermittelte mir das Gefühl, genau dort zu sein, wo ich mich befand. Ich glaube nicht, daß mein Freund viel von alldem bemerkte, für ihn war es nur ein interessanter Vortrag. Aber für mich war es, als begegnete ich jemandem aus den alten buddhistischen Schriften, die ich gelesen hatte.

Während meiner Collegezeit hatte ich unter anderem Vorlesungen einiger führender Philosophen und Theologen besucht. Deren Vorträge waren intellektuell zwar anregend, aber das, was sie mitzuteilen hatten, schien nicht aus eigenem Erleben gespeist zu sein. Auch schien das, worüber sie sprachen, in diesem Moment nicht in ihrer eigenen Erfahrung präsent zu sein. Diese Vorträge standen in tiefem Kontrast zu Suzuki Senseis Rede, in der Sprechen und Sein unmittelbar zusammenfielen. Es gab nichts Künstliches oder Gemachtes in der Art, wie er sprach, stand oder sich bewegte. Während des Sprechens stand er, bisweilen ging er ein wenig auf uns Zuhörer zu, dann wieder zurück, am Ende verließ er den Raum.

Nachdem er gegangen war, fühlte ich mich sehr angeregt. Konnte es sein, daß ich jemandem aus der Vergangenheit begegnet war, einer Verkörperung jener Meister, die das, was ich studiert hatte, realisiert hatten? Hatte ich eine jener Persönlichkeiten getroffen, die dies nun in der Gegenwart weitertrugen? Die Begegnung mit Suzuki Roshi bestimmte meine Zukunft. Natürlich war mir das zu diesem Zeitpunkt noch nicht klar. Doch hatte ich volles Vertrauen, daß es solche Lehrer auch in der Gegenwart geben würde, wenn sie in der Vergangenheit gelebt hatten. Was damals möglich war, sollte auch heute noch vorstellbar sein. Es lag etwas Unergründliches über seinem Auftreten: Rätsel und Schönheit zugleich. Im selben Augenblick vermittelte er mir ein Gefühl familiärer Vertrautheit, die Anwesenheit von etwas, das ich vor langer Zeit gekannt hatte. Ich spürte, ich kam heim. Damals begann ich zu meditieren.

Die Meditationspraxis zeigte mir einen Weg, meine Gedanken zu untersuchen und einzuordnen. In meiner Jugend neigte ich dazu, die Dinge zu kompliziert zu machen, ich war nicht fähig gewesen, einen Weg zu finden, der mich auf verantwortungsvolle Weise meine Verbundenheit mit dem Leiden der Welt hätte fühlen lassen. Dadurch fühlte ich mich zwischen 18 und 22 ziemlich fürchterlich. Es war eine große Erleichterung, während des stillen Sitzens in der Meditation meinem eigenen Leiden ins Gesicht zu schauen. Erst dadurch wurde es mir möglich, auch die Leiden anderer und meiner Gesellschaft anzusehen. Ich hatte Vertrauen in die Praxis. Aber das war nicht der Grund, warum ich mich für sie entschied. Ich tat es einfach, auch weil ich erleichtert war, etwas gefunden zu haben, das all meine Energie absorbierte, das mich niemals an ein Ende kommen lassen würde. Es ging gut; und wenn es nicht gutging, war das auch in Ordnung. Ich war glücklich in der Gesellschaft Suzuki Roshis, meiner Ehefrau und meiner neugeborenen Tochter. Ein Glanz lag über allen Tagen, und eines Tages bemerkte ich, daß ich mich nie wieder elend fühlte, im Grunde ging es mir immer gut. Daran erkannte ich, daß die Praxis mich trug.

Ich gehöre nicht zu denen, die an etwas wie ein vorgezeichnetes Schicksal oder psychologische Konzepte glauben, die wir durch unser Leben erfüllen müssen. Ich denke vielmehr, daß sich gewisse Grundmuster auf ganz unterschiedliche Weise erfüllen können, dabei spielen Zufall und äußere Umstände eine wichtige Rolle. In diesem Zusammenhang verstehe ich die Begegnung mit der Praxis als Quelle eines sich verwirklichenden Lebens. Ich sehe sie nicht als etwas, das früher einmal prophezeit wurde und sich jetzt erfüllt. Praxis ist nicht Schicksal, sondern lediglich etwas, das einige Leute tun.

Derzeit hat Ivan Illich die Bedeutung eines Lehrers für mich. Hätte ich ihn früher getroffen, würde ich heute vielleicht im katholischen Glauben praktizieren. Ähnlich geht es mir mit Seiner Heiligkeit, dem Dalai Lama. Als er um 1980 zum erstenmal nach Amerika kam, blieb er eine Woche in meinem Tempel in Kalifornien. Damals war er noch keine Person des öffentlichen Lebens, zumindest nicht in dem Maß, wie er es heute ist. So war es möglich, eine Menge Zeit mit ihm zu verbringen. Er hat großen Eindruck auf mich gemacht, und gelegentlich sind wir einander wieder begegnet: Ich fühle eine Verbundenheit mit ihm, die im Grunde ein Lernprozeß ist.

Ein Teil meiner Praxis beinhaltete einen vierjährigen Japanaufenthalt. Suzuki Roshi bat mich, dorthin zu reisen, und ich folgte seiner Bitte. In erster Linie fuhr ich, um ihn besser zu verstehen, seinen Hintergrund als japanischer Buddhist. Mehr als zehn Jahre fuhr ich jeden Sommer für mehrere Wochen hin, und ich halte noch immer Kontakt mit Japan, obwohl ich jetzt nicht mehr so häufig dort bin.

Ich praktizierte drei Jahre in einem Rinzai-Zen-Kloster (Daitokuji) und lebte während einiger Monate in einem Soto-Zen-Kloster (Eiheiji). Ich praktizierte auch in anderen Tempeln, vor allem in Rinsoin (dem Tempel Suzuki Roshis), Antaji (Uchiyama Roshi) und Reiunin (Yamada Mumon Roshis Tempel) in Myoshinji. Zwischen 1971 und 1983 war ich Abt im Zen-Zentrum von San Francisco, einschließlich Tassajara und Green Gulch. Dann gründete ich ein neues Zentrum in Santa Fe, New Mexico, 1987 folgte das Crestone Mountain Zen-Zentrum. 1991 verließ ich New Mexico und zog nach Crestone. Zuvor hatte ich meine Zeit aufgeteilt zwischen dem Zen-Zentrum in Santa Fe, dem Crestone Mountain Zen-Zentrum und Kursen in Europa. 1997 starteten meine Schüler Gerald und Gisela Weischede und ich das Buddhistische Studienzentrum im Johanneshof im Schwarzwald, um der *Dharma Sangha Europa* ein ganzjährig geöffnetes Praxiszentrum zur Verfügung zu stellen. Derzeit widme ich mich vor allem Crestone und Johanneshof, zwei Orten, von denen ich hoffe, daß sie auch in Zukunft fortbestehen und Menschen Kraft geben werden.

Manchmal sprechen wir von Winterästen. Ein Winterast sieht an der Oberfläche tot aus, beginnt aber zu knospen und zu blühen, sobald der Frühling da ist. Suzuki Roshi erlebte seine Blütezeit in Amerika, er trug jedoch auch Winteräste in sich, die in meinem Leben zur Entfaltung kommen können oder möglicherweise in meinen Schülern Gerald und Gisela. Sie leiten das Johanneshof-Zentrum und haben Crestone über zehn Jahre mit aufgebaut. Es ist nicht möglich, die volle Bedeutung der Lehren durch gewöhnliches Lernen in sich aufzunehmen. Es ist eher so, daß sie langsam einziehen, einsickern. Über die Jahre hinweg verkörpern wir die Lehren, in die wiederum andere Lehren eingehüllt sind.

Mit Menschen praktizieren heißt, Samen zu säen und spirituelle Nahrung zur Verfügung zu stellen. Dennoch wissen wir nicht genau, wann diese Saat aufgehen wird. Sie geht auf, wenn sie die richtigen Bedingungen vorfindet. Diese Bedingungen sind in erster Linie: Wechselseitigkeit und eine genügend starke Verbindlichkeit, um einen gemeinsamen Körper mit dem Lehrer und mit anderen zu bilden. Dann verkörpert der Lehrer sowohl seinen eigenen Körper als auch den seines Schülers. Dieser wechselseitige subtile Körper bildet die Traditionslinie. Wenn dieser wechselseitige subtile Körper verwirklicht worden ist, ist er die Fortsetzung des subtilen Körpers der Traditionslinie, die über viele Generationen zurückreicht. Wenn Praktizierende einen Lehrer finden, mit dem sie sich wohl fühlen, dem sie vertrauen, und dazu andere Praktizierende, denen sie vertrauen, so sollte dies den Ausschlag für die Entscheidung geben, in welcher der buddhistischen Traditionslinien sie praktizieren möchten. Das kann Theravada, tibetischer Buddhismus oder Zen sein.

Mein Traum war es, einen Platz zu haben – wie Crestone und den Johanneshof –, wo wir gemeinsam grundlegende Fragen unserer menschlichen Existenz betrachten können: wie unsere Gesellschaft existiert und warum wir einander soviel Leid zufügen. Man kann diese Fragen wohl kaum mit einiger Überzeugung stellen, wenn man es nicht für möglich hält, daß andere Formen der Koexistenz vorstellbar sind, wenn man nicht Hoffnung hegt für eine Weiterentwicklung und Transformation der Spezies Mensch.

Der frühe Buddhismus richtete sich in Vorstellung und Praxis auf Erleuchtung, nicht aber auf Buddhaschaft aus. Die Erleuchtung Buddhas wurde als etwas gesehen, das normale menschliche Fähigkeiten bei weitem überstieg. Ich kenne niemanden, der die 32 Merkmale eines Buddha trägt. Aber die Mahayana-Anhänger betonten, daß Erleuchtung auf Buddha-Ebene möglich sei, wenn es uns gelänge, uns mit der Gesamtheit aller fühlenden Wesen in Einklang zu befinden – sowohl in unserer Vorstellung als auch in unserer Praxis –, begreifend, daß unser aller Leben miteinander verwoben ist und jeder von uns alle anderen fühlenden Wesen in sich trägt. Dieser dem Mahayana-Buddhismus zugrundeliegende Ansatz drückt sich im Bodhisattva-Gelübde aus, im Einklang mit allen fühlenden Wesen zu sein, und in der potentiellen Erleuchtungsmöglichkeit eines jeden Wesens.

Dieses Gelübde zu verstehen, es anzunehmen und zu halten, ist vermutlich die beste Basis für die zunehmend notwendigen Entscheidungen, wenn wir noch eine Chance haben wollen, die Umweltprobleme, die politischen, sozialen und wirtschaftlichen Probleme auf unserem Planeten zu lösen und zu transformieren. Diese Sicht war auch die dem Mahayana-Buddhismus zugrundeliegende Quelle. Ich denke, wir befinden uns heute in einer ähnlichen Situation: Unsere sich rasch entwickelnde planetarische Kultur braucht eine große Vision. Hier wird sich der Buddhismus einbringen und weiterentwickeln können.

Seit den Anfängen des Buddhismus waren die drei Voraussetzungen für spirituelle Befreiung: Übung, Meditation sowie Weisheit. Weisheit meint, wir sollen die tatsächliche Natur der Dinge verstehen. Meditation meint, wir sollen sowohl unseren Geist wie auch unseren Körper genau kennen. Übung meint, wir sollen es tun! Weisheit sollte die Grundlage unseres Denkens sein, Meditation die Quelle unseres Seins. Um diese Triade von Weisheit, Meditation und Übung voll zu begreifen, ist es notwendig, sie in die Mitte unserer Arbeit, unseres Familienlebens, unserer Gesellschaft zu stellen. Im Abstrakten kann sie nicht verstanden werden. Wirkliche Weisheit ist unmöglich zu erlangen ohne das vollständige Zur-Ruhe-Kommen von Geist und Körper und die sich daraus ergebende Transformation des Denkens, Wissens und Handelns. Ebenso ist es ohne Sitzpraxis nicht möglich, das vollständige Zur-Ruhe-Kommen von Geist und Körper zu kennen. Das stille Sitzen in Meditation ist grundsätzlich für jeden gesunden Menschen erlernbar.

Um Geist, Körper und die wahre Natur der Erscheinungen studieren zu können, braucht es als wichtigstes Mittel das nichteingreifende, beobachtende Bewußtsein und Einsgerichtetsein (»Einspitzigkeit« des Geistes). Diese Qualitäten entwickeln sich während des stillen Sitzens.

Wir werden mit einem immensen Quantum an Lebensenergie geboren, aber wenn wir uns nicht aktiv dafür entscheiden, eine Lebensform zu wählen, die uns mit dieser Lebensenergie in Verbindung bleiben läßt, wird sie sich langsam aufzehren. Sie wird 35 oder 40 Jahre halten. Wenn wir es bis dahin nicht gelernt haben, sie zu erneuern, wird es ziemlich schnell bergab mit uns gehen. Wir werden früher oder später einfach auseinanderfallen.

Die zen-buddhistische Praxis zielt nicht nur auf die Entwicklung von innerer Stille und Ausgeglichenheit, sondern auch darauf, unsere Lebensenergie zu entdecken, gut zu kennen und zu erneuern. Dies läuft über den Atem, über Meditation, Achtsamkeit, sensorische Bewußtheit usw. Aber sie meint auch, daß wir unserer inneren Stimme trauen sollen, sogar wenn sie uns wegführt aus dem Leben, das wir uns bisher aufgebaut haben, oder dieses Leben transformiert.

Zen-buddhistische Praxis ist eine Methode, unsere innere Haltung in bezug auf unser Denken zu verändern. Es gibt drei Hauptprobleme mit dem Denken im Hinblick auf Meditation und Weisheit: Erstens, wir denken sehr viel. Unsere Energie wird dadurch absorbiert. Zweitens, wir identifizieren uns mit unserem Denken. Dies kostet uns sehr viel Kraft und führt uns auf Irrwege und zu falschen Anhaftungen. Drittens nehmen wir unser Denken wahr, indem wir andere, mehr feinstoffliche Signale ausschließen bzw. »überhören«. Der menschliche Geist neigt zu unterscheidendem Denken. Unser gewöhnliches, dualistisch ausgerichtetes Bewußtsein funktioniert durch unsere Fähigkeit, Unterschiede wahrzunehmen. Wir können ein »Mittelstück« nur erkennen, wenn es von »Rändern« umgeben ist. Doch sind wir auf sensorischer Ebene »Mittelstücke«, fließende, feine Instanzen in Geist und Körper, ohne Ränder oder Kanten. Diese Instanzen senden gelegentlich Signale wie Rettungsboote in der Dunkelheit: Gefühlsregungen, Stimmungen, die unsere Aufmerksamkeit auf sich zu ziehen versuchen. Wir bemerken sie nur äußerst selten, da wir so sehr mit unserem inneren TV beschäftigt sind, obwohl unser feinstofflicher Körper im Dunkeln versinkt.

Wie können wir nun unser Verhältnis zu unserem Denken verändern?
1. Eine der ersten Anweisungen im Zazen lautet, unser Denken allein zu lassen. Wir versuchen, dem Denken keine Aufmerksamkeit zuzuwenden. Gleichzeitig versuchen wir nicht, uns von ihm zu befreien, denn das würde bedeuten, daß wir ihm unsere Aufmerksamkeit zuwenden. Dies ist die Lehre vom »unkorrigierten Geist«, die innere Grundhaltung im Zazen. Wir können sie auch folgendermaßen umschreiben: »Lade deine Gedanken nicht zum Tee ein.«
2. Wir beobachten unser Denken. Wir können eine Bestandsaufnahme unseres Denkens machen, ohne darin einzugreifen. Wir können Gedanken und Stimmungen zu ihrem Ursprung zurückverfolgen, um zu sehen, wo all diese mentalen und emotionalen Formen ihren Sitz haben und was ihre Ursachen sind. Wir können auch ein-

fach die Muster des Denkens beobachten, wie sie auftauchen und wieder vergehen.
3. Wir greifen mit Gedanken in unser Denken ein, die eine richtige Sicht der Dinge ausdrücken, sogenannte Erleuchtungsgedanken. Bestimmte heilsame Worte, Sätze oder Bilder werden wie Mantras zwischen unser gewöhnliches Denken gesetzt. Sie wirken als Gegenmittel oder Gegengifte bzw. Katalysatoren.
4. Wir verändern den Grund unseres Denkens, indem wir mit unserer Aufmerksamkeit in unseren Atem gehen, in unseren Körper, in die Welt der Erscheinungen oder in die Essenz des Geistes selbst. Wir ziehen unsere Aufmerksamkeit von den Inhalten des Geistes ab und richten sie statt dessen auf das Umfeld des Geistes.
5. Wir verändern unsere Haltung gegenüber dem Denken in einer Weise, die das Denken selbst zu etwas Transparentem macht. Dies wird die Praxis der Unbeständigkeit oder »Leerheitsdenken« genannt. Wenn wir alle Gedanken und alle Objekte unserer Wahrnehmung als unbeständige, auf den Augenblick bezogene Einzelphänomene wahrnehmen, werden die Gedanken selbst transparent. Diese Erfahrung verändert unser Denken und unser Verhältnis zur Welt auf tiefgründige Weise.

Eine meiner Lehrerinnen war Charlotte Selver, die Begründerin des sensorischen Bewußtseinstrainings. In dem Seminar, das ich 1961 besuchte, sagte sie so einfach, als ob es nichts sei: »Kommt herauf zum Stehen.« Ich erinnere mich, daß ich mich über ihre Formulierung wunderte, Charlotte Selver ist Österreicherin. Sie sagte nicht: »Steht auf!« oder »Erhebt euch!« Ich beobachtete sie. Sie stand nicht auf, sondern sie kam tatsächlich »herauf zum Stehen«. Ihre Bewegung glich einem Gleiten durch ihren Körper und durch die Luft. Ich erhob mich ebenfalls, zum erstenmal nicht zwischen zwei mentalen Punkten, sondern in einem alle Sinne ansprechenden Sichöffnen vom

Boden in eine Stellung, die man als aufrecht bezeichnet. Diese Erfahrung überwältigte mich.

Es erscheint möglicherweise seltsam, sich auf solche Weise über etwas so Einfaches zu äußern, aber in diesem Augenblick verstand ich plötzlich, daß es möglich und notwendig ist, das geistige Vorbeigehen an der Welt aufzugeben, um die Welt in ihrem eigenen Vorüberziehen zu entdecken und mein eigenes Dahingehen in ihr. Ich war da, im Hier, und in diesem Hier, jetzt, wie ich es niemals zuvor gewesen war. Ich badete in diesem Gefühl bis zum Ende des Seminars. Diese Erfahrung öffnete mich für viele Dinge, einschließlich der Sanftheit. Sie ist eines dieser Signale vom Rettungsboot unseres feinstofflichen Körpers. Es ist schwer, diese Sanftheit wahrzunehmen, weil wir es gewohnt sind, eher die Kanten zu bemerken, und Sanftheit hat keine Kanten. Die Gesellschaft gibt uns keine Kategorien für ein solches Erleben. Aber es gibt die Rettungsboote, sie senden uns ihre Signale, wenn wir bereit sind, sie zu empfangen. Wenn wir unserer Praxis trauen und beginnen, Aufmerksamkeit für das Ungreifbare zu entwickeln, das nicht leicht zu Verstehende, dann bemerken wir Dinge, für die es keine Kategorien gibt.

Der chinesische Zen-Meister Dongshan (807-869), einer meiner Dharma-Vorfahren, wurde gefragt: »Welcher Körper fällt in keine Kategorie?« Er antwortete: »Ich bin dem immer nahe.« Diese Freiheit von Kategorien bedeutet, unserer Lebensenergie nahe zu sein und unserem ursprünglichen Geist. Dies ist der Weg, auf dem wir unsere wahre Natur immer wieder neu verwirklichen.

Zusammenfassung

Wenn wir anfangen, die Kontinuität unserer Existenz durch unseren Körper, den Atem, die Welt der Erscheinungen und den Geist selbst zu erfahren anstatt durch unser Denken, wird unser ganzer Funktionsapparat sich verändern, und auch unser Geist wird sich verändern. Wenn das selbstidentifizierte Denken nachläßt, nehmen wir nicht länger Zuflucht zu den Rändern und Kanten unserer Gedanken. Wenn wir uns nicht mehr durch die Welt bewegen, getragen von der Vorstellung, sie sei etwas Stabiles, Dauerhaftes, dann ereignen sich die Dinge noch immer, aber die Welt wird hell und frisch, zart und durchscheinend. Es wird eine Welt sein mit Zentren, Mittelstücken und vielen Zwischenstufen. Wenn dies geschieht, bewegt sich unser Atem weg aus der Herrschaft des denkenden Bewußtseins und wandert in den Bereich des Herzens. Wenn sich unser Atem dann unter der Regie des Herzens befindet, werden unsere Gefühle zu einer Art von Denken bzw. Wissen. Ein Gefühl der Sanftheit breitet sich in uns aus. Wir fühlen es in unserem Körper und in allem, was wir tun.

9
Seine Heiligkeit der 14. Dalai Lama

Der Buddhismus kam im 8. Jahrhundert nach Christus von Indien nach Tibet, 1200 Jahre nach dem Tod Buddhas. Geistliches und weltliches Oberhaupt der Tibeter ist der Dalai Lama. Sein unermüdliches Eintreten für friedliche Koexistenz, seine Bescheidenheit und sein Mutterwitz machen Seine Heiligkeit den 14. Dalai Lama zu einem der geachtetsten Politiker weltweit. Er ist Oberhaupt der tibetischen Exilregierung im indischen Dharamsala. Der Dalai Lama ist weder ein »Gott« noch ein »König«. Die Tibeter sehen in ihm eine Ausstrahlung von Avalokiteshvara, dem Bodhisattva des Mitgefühls.

Seit am 9. September 1951 Mao Tse-tungs Rote Armee in Tibet einmarschierte und über 1,25 Millionen Tibeter bei einem sich bis heute fortsetzenden Genozid den Tod fanden, sucht der Dalai Lama den Dialog mit den chinesischen Besatzern, die dabei sind, aus Tibet eine chinesische Provinz zu machen.

Porträt

In seiner Autobiographie erzählt Seine Heiligkeit der 14. Dalai Lama sowohl seine persönliche Geschichte als auch die seines Volkes, die ich hier zusammenfassen möchte:

Am 6. Juli 1935 wurde er als neuntes von insgesamt 16 Kindern in Taktser im Nordosten Tibets geboren und erhielt den Namen Lhamo Thöndup, was übersetzt soviel wie »wunscherfüllende Göttin« heißt. Seine Eltern waren Kleinbauern, sie lebten vom Anbau von Gerste und Buchweizen und von Tierzucht. Die Religion war das Wichtigste im Leben der sieben Millionen Tibeter zu jener Zeit. Etwa zehn Prozent der Gesamtbevölkerung lebten als Nonnen oder Mönche. Das Gesellschaftssystem war feudalistisch, Titel und Besitztümer wurden vererbt. Die Bessergestellten gaben Almosen an die, die sie brauchten, Mönche wurden häufig in die Familien eingeladen, um aus heiligen Texten zu rezitieren, ein Klima grundlegender Großzügigkeit und Freundlichkeit prägte die ganze Gesellschaft. Auch die Natur war unverdorben, schreibt der Dalai Lama in seiner Autobiographie: Bären, Tiger, Füchse, Hirsche und Affen fanden ideale Lebensbedingungen, denn die Religion hielt die Menschen dazu an, keinem anderen Lebewesen Leid zuzufügen.

Noch vor Lhamos drittem Geburtstag sandte die Regierung in Lhasa eine Delegation, die die Reinkarnation des 14. Dalai Lama auffinden sollte. Man suchte im Nordosten Tibets, da der mumifizierte Körper des 13. Dalai Lama, der 1933 gestorben war, mit dem Kopf in diese Richtung wies und Tibets Regent eine Vision hatte, daß der neue Dalai Lama in der Provinz Amdo beheimatet sei. Dazu muß man wissen, daß der tibetischen Tradition zufolge der Dalai Lama die Art seiner Wiedergeburt vorherbestimmen kann. Als die Delegation, die inkognito reiste und bei den Eltern des kleinen Lhamo um Quartier nachfragte, dem Kind eine Auswahl von

Gegenständen vorlegte, die dem 13. Dalai Lama gehört hatten, gemischt mit Dingen, die ähnlich aussahen, war der Knabe mühelos in der Lage, genau die Gegenstände, die dem 13. Dalai Lama gehört hatten, auszuwählen, indem er selbstbewußt ausrief: »Das gehört mir!« Außerdem gab er zu verstehen, daß er einen der verkleideten Lamas wiedererkannte, indem er den Namen von dessen Kloster »Sera« nannte.

Noch andere Kinder in der Region wurden auf diese Weise geprüft, doch sie waren nicht in der Lage, den »Test« zu bestehen. Der Knabe wurde im Kloster Kumbum fern seines Elternhauses von Mönchen erzogen, was zu jener Zeit nichts Außergewöhnliches war. Auch Lhamos drei Jahre älterer Bruder Lobsang Samten lebte in Kumbum. Fotos aus dieser Zeit zeigen einen sehr entschieden dreinblickenden kleinen Jungen, den gleichwohl ein Hauch von Einsamkeit umweht.

Im Sommer 1939, er hat soeben seinen vierten Geburtstag gefeiert, reist Lhamo zum erstenmal in die mehr als tausend Kilometer entfernte Hauptstadt Lhasa. Drei Monate dauert die beschwerliche Reise. Hier wird er öffentlich zum Dalai Lama ernannt, von nun an ist er das geistliche Oberhaupt der Tibeter. Er erhält eine Ausbildung in buddhistischer Philosophie, beschäftigt sich mit Fragen wie: »Was ist das Wesen des Geistes?«, übt sich in Gebet, Meditation und Dialektik, der Kunst des Disputierens. Das tibetische Lehrsystem umfaßt Schauspiel, Tanz und Musik, Astrologie, Dichtung und Schriftstellerei. Diese Disziplinen gelten als die »fünf geringeren Lehrfächer«, dann gibt es Unterricht in Heilkunde, Sanskrit, Dialektik, Kunst und Kunsthandwerk, Metaphysik und Religionsphilosophie. Studium und Klausuren bestimmen das Leben des Jungen. Er lernt schnell und leicht, leidet zuweilen unter der Strenge des Protokolls, das ihn von seiner Familie und dem »normalen« Leben Gleichaltriger isoliert. »Meist war ich gezwungen, versteckt wie eine Eule zu leben«, schreibt der Dalai Lama in seiner Autobiographie. Von weltlichen Dingen oder dem Leben der Menschen in anderen Ländern und Erdteilen weiß er wenig. 1948 begegnet er dem aus englischer Kriegsgefangenschaft von Indien nach Tibet geflüchteten Österreicher Heinrich Harrer. Von ihm läßt sich der Dalai Lama über das Leben in Europa und den Zweiten Weltkrieg informieren, in Gesprächen mit ihm intensiviert er seine Englischkenntnisse.

Im Oktober 1950 überqueren 80 000 chinesische Soldaten den Jangtse-Fluß, um Tibet aus seinen mittelalterlichen Strukturen zu »befreien« und den Kommunismus zu verbreiten. Die tibetische Armee verfügt zu diesem Zeitpunkt lediglich über 8500 Soldaten, da das berufsmäßige Töten im Buddhismus zu den »unheilsamen« und somit zu meidenden Formen von Lebenserwerb gehört. Zu diesem Zeitpunkt leben in Tibet 7 bis 8 Millionen Tibeter, ihnen stehen 600 Millionen Chinesen gegenüber.

Am 17. November 1950 wird dem erst 15jährigen Dalai Lama auch die weltliche Macht übertragen. Die Zeit der Kindheit, der unschuldigen Streiche und des Aufgehens in Gebet und Ritual ist endgültig vorbei. Taktser Rinpoche, der älteste Bruder des Dalai Lama und Abt des berühmten Klosters Kumbum nahe der chinesischen Grenze, kommt nach Lhasa und berichtet entsetzt von der Gefangennahme und Mißhandlung der Mönche durch die Chinesen. Man hat ihm nahegelegt, seinen Bruder, den Dalai Lama, zum Kommunismus zu bekehren und ihn, falls dieser sich dagegen sperre, zu töten. Eilige Versuche Tibets, sich mit anderen Staaten militärisch zu verbünden, schlagen fehl. Zu lange war das Land Reformen aus dem Weg gegangen, wurden weltliche Angelegenheiten den religiösen untergeordnet. Tibet hatte den Anschluß an die Moderne verpaßt, obwohl der Dalai Lama sich in den Jahren, die ihm noch blieben, für eine Justizreform einsetzte, das Prinzip der vererbbaren Schulden abschaffte und erkannte, daß ein neues Erziehungssystem auch außerhalb der Klöster eine Notwendigkeit war.

Allen Versuchen, das Land sozialverträglich zu modernisieren, begegneten die Chinesen mit der ihnen eigenen Methode der Kollektivierung, was Hungersnot und den Tod Hunderttausender Tibeter zur Folge hatte. Der Dalai Lama wiederum erwidert alle Verletzungen und Demütigungen der Chinesen mit unerschütterlichem Vertrauen an das allen Menschen innewohnende Gute. 1954 wird er zu einem Besuch nach China eingeladen und trifft mehrmals den großen Vorsitzenden Mao. Die Idee eines Gleichheit und Gerechtigkeit für alle anstrebenden Gesellschaftssystems fasziniert ihn zunächst, doch sieht er auch genau die Unterdrücktheit, Angst und Armut innerhalb der chinesischen Bevölkerung, auch die Lügen, die über die »Verbrüderung« Tibets mit China in allen Medien verbreitet werden.

Ab Mitte der fünfziger Jahre nehmen die »Umerziehungsmethoden« der Chinesen immer brutalere Formen an. Hinrichtungen und öffentliche Auspeitschungen, die Zerstörung vieler Klöster gehören in Tibet zum Alltag. 1956 wird der Dalai Lama vom Maharaja Kumar, dem Kronprinzen Sikkims, eingeladen, an den Buddha-Jayanti-Feierlichkeiten zum zweitausenfünfhundertsten Geburtstag Buddhas teilzunehmen. Hier trifft er zum erstenmal den indischen Premierminister Pandit Nehru, dem der Dalai Lama die gefährdete Lage Tibets klarmacht und auch von seiner Absicht spricht, ins indische Exil zu fliehen, falls dies notwendig werden sollte. In der Zwischenzeit kommt es zu erneuten Auseinandersetzungen mit den Chinesen in Tibet. 1957 herrscht in Kham und Amdo im Osten des Landes offener Krieg. Die Tibeter wehren sich erbittert gegen ihre Unterdrücker, die Aufrufe des Dalai Lama zu friedlicher Koexistenz verhallen angesichts der angespannten Lage. Der Dalai Lama hält an der Aussage des Buddha fest, »daß unser Feind in gewisser Hinsicht unser größter Lehrmeister ist«.

Eine Einladung der Chinesen zu einem Tanzfest am 10. März 1959 wurde mit der Aufforderung an den Dalai Lama verbunden, er solle nur mit zwei bis drei unbewaffneten Leibwächtern erscheinen. Als sich diese Nachricht verbreitete, versammelten sich spontan 30 000 Tibeter vor dem Norbulingka, dem Wohnsitz des Dalai Lama, um ihn vor den Chinesen zu schützen. Vom Volk gewählte Vertreter forderten die Chinesen auf, das Land zu verlassen. Die Chinesen ließen wissen, daß sie die Menschen mit Granaten beschießen würden. In diesem Moment wußte der Dalai Lama, daß der Augenblick zur Flucht gekommen war. Wenn er bliebe, würde es Tausende Tote geben, da die Menschen ihn weiterhin zu schützen versuchen würden. Dem Dalai Lama folgten binnen weniger Wochen 80 000 Tibeter ins indische Exil. Nehru veranlaßte, daß das indische Erziehungsministerium eine eigene Abteilung für tibetisches Erziehungswesen einrichtete, die Flüchtlinge erhielten Gelegenheit, als Straßenbauarbeiter in Nordindien zu arbeiten, obwohl Indien selbst Entwicklungsland war und Premier Nehru Auseinandersetzungen mit den Chinesen fürchtete. Er bot den Exiltibetern Land in Südindien zur Besiedlung an. Am 29. April 1960 zogen der Dalai Lama und seine Exilregierung nach Dharamsala, oberhalb des Dorfes McLeod Ganj, eine Tagesreise von der Hauptstadt Delhi entfernt.

Hier kam es 1960 zu einer Neuordnung und Demokratisierung der tibetischen Verwaltung. Der Dalai Lama tritt für den interreligiösen Dialog ein. Er selbst orientiert sich am Bodhisattva-Ideal, das heißt, er möchte alle Wesen von Leid befreien und verhält sich entsprechend. In seiner Autobiographie *Das Buch der Freiheit* schreibt er: »Was meine tägliche Ausübung der Religion betrifft, verbringe ich mindestens fünfeinhalb Stunden am Tag mit Gebet, Meditation und Studium. Außerdem bete ich sooft wie möglich auch zwischendurch, zum Beispiel während des Essens und beim Reisen. Im letzeren Fall habe ich dafür drei gute Gründe: Erstens trägt es zur Verrichtung meiner täglichen Pflicht bei, zweitens hilft es, die Zeit produktiv zu verbringen, und drittens besänftigt es die

Angst! Was aber am wichtigsten ist: Als Buddhist sehe ich keinen Unterschied zwischen religiöser Praxis und täglichem Leben. Religiöse Praxis ist eine 24-Stunden-Beschäftigung. Entsprechend gibt es auch Gebete für jede Tätigkeit – vom Aufwachen über das Waschen und Essen bis zum Schlafengehen. Für Menschen, die Tantra praktizieren, sind die im Schlaf und während des Traumzustands verrichteten Übungen die wichtigste Vorbereitung auf den Tod.«

Tibet ist nach wie vor ein Polizeistaat unter chinesischer Herrschaft. In den Städten Lhasa und Schigatse sind bereits zwei Drittel der Bewohner Chinesen, Resultat der Siedlungspolitik Pekings seit Mitte der achtziger Jahre. Über 1,25 Millionen Tibeter starben durch Hinrichtung und Folter, die im Land Verbliebenen werden in untergeordnete Stellungen gedrängt. Viele wurden zwangssterilisiert. Die tibetische Religion, Kultur und Sprache werden in den Schulen unterdrückt. Das Land dient der Lagerung von atomarem Müll sowie Atomwaffenversuchen der Chinesen, Millionen Bäume wurden gefällt, viele Tier- und Pflanzenarten ausgerottet. Der Dalai Lama fordert nicht mehr die politische Unabhängigkeit Tibets, lediglich die Einhaltung der Menschenrechte, die alles andere als gewährleistet ist, wie der Fall der Nonne Ngawang Sangdrol in Lhasa zeigt. Sie demonstrierte für ein freies Tibet und sitzt dafür seit 1992 in Haft.

Die folgenden Ausführungen basieren auf einer Einführung in den Buddhismus, die der Dalai Lama gegeben hat und die ich hier zusammenfasse:

Gewaltlosigkeit wird in beiden »Fahrzeugen« des Buddhismus, *Hinayana* und *Mahayana* genannt, als besonders wichtig angesehen. Sie ist die Grundlage für alle Lehren des Buddhismus, und in beiden »Fahrzeugen« besteht Gewaltlosigkeit darin, daß man es unterläßt, anderen Wesen mit Körper und Sprache Schaden zuzufügen, und daß man auch die Grundlage dafür beseitigt, nämlich eine negative Motivation, eine negative Grundhaltung, die zu schädlichem Verhalten von Körper und Rede führt.

Im »Kleinen Fahrzeug« wird das Eintreten für gewaltloses Verhalten einerseits damit begründet, daß man durch Gewaltausübung für die eigene Person negatives Karma anhäuft, das heißt, daß man im eigenen Geist schlechte Wirkungskräfte hinterläßt, die sich für einen selbst in Zukunft in Form von Leid auswirken. Aber die andere, die wesentlichere Begründung im »Kleinen Fahrzeug« basiert auf dem Mitgefühl als Wurzel der Lehre, die der Buddha gegeben hat. Aus diesem Grund übt man sich in Mitgefühl und Gewaltlosigkeit. Ein weiterer wesentlicher Grund für Gewaltlosigkeit ist die Überlegung, daß der andere genauso Glück und Leid erlebt wie man selbst, daß er danach strebt, glücklich zu sein wie man selbst. Wenn man nun Gewalt ausübt, so fügt man dem anderen unerwünschtes Leid zu. Dies soll man unterlassen.

Wenn man die Ethik der Gewaltlosigkeit weiter untersucht und in verschiedene Aspekte aufteilt, so sieht man, daß Gewaltausübung sich auf den Körper des anderen richten kann, auf dessen Besitz oder auf seine Freundschaften. Um das zu verhindern, wird gelehrt, man soll es unterlassen zu töten, zu stehlen oder unheilsames sexuelles Verhalten wie Ehebruch zu begehen. Eine andere Form von Gewalt findet dadurch statt, daß man andere durch Worte verletzt, daß man sie mit Worten am Erreichen ihrer Ziele hindert. Um eine solche Form der Gewaltausübung abzuwenden, wird gelehrt, man solle nicht lügen, nicht Zwietracht säen, keine groben, verletzenden Worte gebrauchen und auch nicht sinnlos reden, denn durch sinnloses Gerede vertut man die Zeit, man stiehlt dem anderen die Zeit. Auch das ist eine Form der Schädigung. Und da diese körperlichen und sprachlichen Formen der Schädigung abhängig sind von der geistigen Grundlage der Motivation, muß man alles daransetzen, an dieser etwas zu verändern. So dehnt sich die Ethik auch auf die innere Einstellung aus. Man soll es unterlassen, habgierig und übelwollend zu sein und falschen Ansichten anzuhängen. Eine wesentliche falsche Ansicht besteht darin, daß man die Meinung vertritt, eigene Handlungen, seien sie positiv oder negativ, hätten keine Folgen für einen selbst. Wenn man diesen Zusammenhang nicht erkennt, kommt es zu negativen Handlungen.

Im »Großen Fahrzeug«, Mahayana, wird darüber hinaus gefordert, nicht nur anderen nicht zu schaden, sondern ihnen aktiv zu helfen, ihnen zu nützen. Gewaltlosigkeit ist nicht einfach eine bloße Abwesenheit von Gewalt, sondern etwas, das eine positive, heilsame Kraft besitzt. Sie besteht in einer Geisteshaltung, die sich positiv auswirkt, und das schließt auch das Verhältnis zur natürlichen Umwelt mit ein. Das bedeutet, daß man sich um diese Umwelt kümmert und sie schützt. In den Anweisungen für die Mönche und Nonnen gibt es beispielsweise genaue Regeln dafür, daß man Pflanzen nicht schneiden soll, bevor sie nicht ihre jeweilige Frucht getragen haben, daß man sich bemühen muß, das Wachsende in der Natur zu schützen.

Die Aufforderung zur Gewaltlosigkeit ist auch in den anderen Religionen wesentlich. Der Dalai Lama ist der festen Überzeugung, daß es zwar Unterschiede gibt, was die philosophische Grundlage der großen Religionen angeht, aber daß eine gemeinsame Grundlage besteht für das praktische Verhalten, das durch die Ethik gegeben ist.

In den buddhistischen Schriften gibt es vielerlei Anweisungen, daß es wichtig ist, verschiedene philosophische Lehrmeinungen auszudiskutieren, sich gegenseitig zu kritisieren, aber dabei immer frei von Haß und auch frei von begehrlichem Festhalten an der eigenen Meinung zu bleiben. Der Dalai Lama vertritt die Auffassung, daß alle Religionen gleichermaßen Verantwortung darin haben, die guten Anweisungen, die sie besitzen, den Menschen nahezubringen und ihnen zu helfen. Allerdings nicht mit der Absicht, den anderen zur eigenen Religion zu bekehren. Als Buddhist habe man nicht die

Aufgabe, den anderen zu einem Buddhisten zu machen, sondern solle einfach die guten Anweisungen innerhalb des Buddhismus dem anderen nahebringen, so daß sie ihm weiterhelfen können. Man müsse kein gläubiger Buddhist sein, um von diesen Einsichten zu profitieren. Seine Heiligkeit geht nun auf die gegenseitige Abhängigkeit aller Dinge ein: Wenn man sich fragt, was ist der Grund dafür, liebevoll und frei von Gewalt zu handeln, so kommt man auf die Philosophie und die Lehre vom abhängigen Entstehen. In diesem Zusammenhang müssen die Vier Edlen Wahrheiten betrachtet werden, die die Grundlage des Buddhismus ausmachen. Diese Vier Edlen Wahrheiten befassen sich mit Glück und Leid: Wir alle möchten auf Dauer glücklich sein. Doch es gibt das Leid, das uns daran hindert. Wir fragen uns nach dessen Ursachen. Als nächstes untersuchen wir, ob wir diese Ursachen abwenden können. Es gibt einen Weg, um das Leid zu beenden.

Zusammenfassung

Wenn etwas zeitweilig existiert und dann wieder nicht existiert, also wechselhaft ist, dann ist dies ein klares Anzeichen dafür, daß es von bestimmten Ursachen abhängig ist. Wenn man die Materie auf ihre Entstehung zurückverfolgt, so kommt man nach buddhistischer Auffassung zu sogenannten Raumpartikeln, dem Urstoff alles Materiellen. Wir unterscheiden hierbei zwischen dem, was nicht mit Bewußtsein versehen ist, wie Holz, Steine, Wasser, und auf der anderen Seite Materie, die von Bewußtsein durchdrungen ist. Die Implikation von Ursache und Wirkung und der Kausalitätsgesetze im Buddhismus ist, daß es keinen Schöpfergott gibt, daß unser Glück und Leid allein durch vielfältige Ursachen und Umstände zustande kommt. Deswegen ist nach Aussage des Buddhismus das Individuum der Schöpfer des eigenen Glücks und Leids.

Ebenso wird in allen buddhistischen Richtungen die Auffassung vertreten, daß es auch keinen Erlebenden dieses Glücks bzw. Leids gibt, einen, der beständig wäre im Körper und im Geist, der eine Einheit wäre. Das Ganze kann nur in Abhängigkeit von seinen Teilen existieren, erfaßt und benannt werden. Das, was uns als Ganzes erscheint, ist eine Täuschung. Ein Objekt existiert nur in Abhängigkeit von dem benennenden Geist und nicht aus eigener, unabhängiger Kraft. Die Wirklichkeit kommt also ausschließlich vom benennenden Geist, nicht von der Objektseite. Aufgrund der gegenseitigen Abhängigkeit der Phänomene ergeben sich Veränderungen, Kausalitätsverhältnisse, die immer wieder neue Wirklichkeiten hervorbringen. Man geht im Buddhismus davon aus, daß es eine natürliche Beschaffenheit der Dinge gibt, daß es bestimmte Naturgesetze gibt, die man untersuchen muß, um den Aufbau der Welt korrekt zu erkennen. Auf diese Weise gibt es Beziehungen des Buddhismus zu anderen Gebieten wie dem der Kosmologie, der Neurobiologie, der Atomphysik und der Psychologie.

Die buddhistische Lehre gibt dem Individuum folgende Ratschläge:

1. Stütze dich nicht auf eine Person, sondern auf die Lehre, auf das, was sie sagt.
2. Was die Lehre angeht, so stütze dich nicht auf die Worte, sondern auf deren Bedeutung.
3. Was die Bedeutung angeht, stütze dich nicht auf die interpretierbare, sondern auf die endgültige Bedeutung.
4. Was die endgültige Bedeutung angeht, stütze dich nicht auf ein begriffliches Bewußtsein, sondern auf eine unbegriffliche, ursprüngliche Weisheit.

10
Fumon Nakagawa Roshi

Fumon Nakagawa Roshi *ist japanischer Zen-Mönch aus dem 1244 von Dogen gegründeten Hauptkloster Eiheiji der Soto-Zen-Schule. Seit 1979 lebt er in Deutschland. Er ist Abt des Tempels Shinryu-an in Tokio und des Daihizan-Fumonji-Tempelklosters in Eisenbuch, nahe Altötting/Oberbayern. Er ist Meister der Zen-Gemeinschaft Jikishin-Kai, München. Hier wird die Lehre des Buddha in Form von Vorträgen und intensivem Textstudium vermittelt. Über das Jahr verteilt finden* Sesshin *(Übungsperioden) und offene Übungstage statt; die Einrichtung eines zehnjährigen Studien- und Ausbildungsganges für Lehrer des Zen ist in Vorbereitung. Das Zentrum steht als Kloster auf Zeit allen Menschen offen.*

Porträt

Ich begegne Fumon Nakagawa Roshi während eines Meditationswochenendes in Berlin, wo er mir Einblick gewährt sowohl in die Entwicklung des Buddhismus in Japan wie auch in sein persönliches Leben, das ihn in einer fremden Kultur und sogar Sprache heimisch werden ließ. Er erzählt:

Nach seiner Einführung aus China im 6. Jahrhundert wurde der Buddhismus im Laufe der Zeit zum geistigen Nährboden des japanischen Volkes. Davor gab es in Japan keine sehr hochentwickelte Weltanschauung oder Religion. Staatliche Institutionen lehrten die Japaner den Konfuzianismus. Doch kann man sagen, der Buddhismus ist erst seit dem 13. Jahrhundert in unserer Kultur wirklich verwurzelt, zuvor gab es einzelne große Meister. Es gab zwei Ausrichtungen: den Amida-Buddhismus in der normalen Bevölkerung – Buddha Amida wurde als Erlöser verehrt – und den Zen-Buddhismus der Samurai-Krieger. In jener Zeit entwickelten sich auch die Zen-Künste, für die Japan bis heute in aller Welt bekannt ist: die Zen-Gärten, Kalligraphie, das Ritual der Teezeremonie *(Chado)*, der Weg der Blumenkunst *(Ikebana)*. Diese Zen-Künste wurden der geistige Boden für die gesamte japanische Kultur. Sie bestimmten nicht nur den ästhetisch-künstlerischen Bereich, sondern auch das alltägliche Familienleben der Bevölkerung.

Im Jahre 1868 brach die Herrschaft des Samurai-Shogunats zusammen wegen der Gefahr, die für Japan plötzlich von den westlichen Ländern ausging. Die Kolonialisierung drohte, und Japan beeilte sich, westlichen Standard zu erreichen; man übernahm von Preußen militärisches Know-how ebenso wie Kenntnisse aus Medizin, Philosophie, Jura. Man baute Eisenbahnen nach englischem Vorbild und rüstete sich so binnen kurzer Zeit, um für militärische Auseinandersetzungen gewappnet zu sein. Japan war zusammen mit Thailand das einzige der asiatischen Länder, das nicht durch die Europäer kolonalisiert wurde. Allerdings hat man damals fast die gesamte eigene Tradition über Bord geworfen, man orientierte sich nur noch an westlichen Werten in den Künsten, den Wissenschaften, der gesamten Kultur.

Heute leidet das Land unter dem Materialismus. Nach dem Zweiten Weltkrieg wurde das Fach Religion in den Schulen offiziell verboten. Bis heute sind Themen wie Buddhismus oder Shintoismus tabu, lediglich der Ahnenkult mit seinen Totengedenkfeiern bis 33 bzw. 50 Jahre nach dem Tod blieben erhalten. Heute sind in Japan 200 000 von den Behörden anerkannte religiöse Organisationen bzw. Sekten erlaubt. Niemand kontrolliert ihre Aktivitäten, dies zeigt: Die Menschen brauchen spirituelle Orientierung. Die alten buddhistischen Schulen können dies nicht mehr leisten.

Ich wurde am 23. Dezember 1947 geboren und bin in Kyoto aufgewachsen. Mein Vater und meine Mutter waren Gemüsebauern. Sie arbeiteten den ganzen Tag auf den Feldern. Wir waren alle sehr arm, aber ich genoß es, mit meinen Geschwistern draußen in der Natur zu sein, viel zu spielen. Wir waren vier Kinder. Ich habe sehr früh begonnen, mich mit dem Sinn meines Lebens zu beschäftigen. Mit 14 begann ich zu lesen: Dostojewski, Tolstoi, Maupassant und Goethe in japanischer Übersetzung, später, als Student, Texte von Shinran und Dogen und Kierkegaards *Krankheit zum Tode*. Ich suchte nach geistiger Orientierung, wußte nicht, welchen Beruf ich wählen sollte. Mit 16 besuchte ich zum erstenmal einen Zen-Meister, las buddhistische Literatur.

Während ich dafür paukte, einen Studienplatz an der Universität in Tokio zu bekommen, litt ich unter dem immensen Leistungsdruck, fragte mich immer wieder, welchen Sinn das alles hatte, fragte mich: Wozu lebe ich? Die Zen-Texte sprachen mich an, weil sie aufzeigten, welche positiven Möglichkeiten ich in meinem Leben entwickeln konnte und auch, wie ich mich selbst ausbilden konnte. In Tokio begegnete ich als 18jähriger meinem späteren Meister Sakai Tokugen Roshi. Ich besuchte seine Abendkurse, allerdings nicht allzu häufig, da ich mich in jeder freien Minute dem Spiel der Bambusflöte widmete. Ich hörte Mozart, Bach. Doch in einer tieferen Schicht meiner Seele beschäftigte ich mich unaufhörlich in der Richtung des Zen.

750 Jahre alte Texte, wie Dogen Zenjis *Shobogenzo Zuimonki*, berührten mich tief. Dogen lehrte, alle Lebewesen schonend zu unterstützen, in sich selbst Weisheit und Liebe zu entwickeln. Das ist der Weg des Lebens. Plötzlich schien mir die ganze Welt transparent. Ich erkannte, wie alles sich verhält, nicht nur in meinem Leben, auch bei meinen Eltern, Freunden, Kollegen. Ich erkannte, wir verletzen uns gegenseitig ohne Ende. Und wir wiederholen unser destruktives Verhalten, verhärten, bekommen Panzer, die uns von unserer Umgebung trennen, neues Leiden schaffend. Diese Erkenntnis war von heißen Tränen begleitet. Einmal hörte ich von Meister Sakai den Satz: »Suche niemals Erlösung. Das ist Aberglaube.« Die Kraft dieser Worte durchdrang mich wie ein Blitz und Donner. Von da an ging ich regelmäßig zu ihm; er wurde mein Lehrer.

Zwei Jahre nach meiner Ordination zum Mönch wurde ich schwer krank. Hartes Studium und zu wenig Schlaf hatten mein Nervensystem erschöpft. Ich erlitt einen Zusammenbruch. Aus heutiger Sicht weiß ich, daß meine Krankheiten mich leiteten auf dem Weg. Bei Dogen las ich: »Laß Körper und Geist fallen, wirf dich hinein in Buddhas Haus.« Damals fand ich den Schlüssel zum Sitzen und zum Leben; ich lernte Geduld, was neu für mich war, denn natürlich wollte ich so schnell wie möglich gesund werden.

Ich war ein sehr kritischer junger Mann, ein wenig orientierungslos, abenteuerlustig und schnell enttäuscht. Ich hatte vor, in die USA und nach Europa zu reisen, um zu prüfen, ob unsere Zazen-Praxis wirklich allgemeingültig ist für alle

Menschen. Im Kloster Eiheiji, wo ich bis zum Alter von 29 Jahren zur Ausbildung war, oblag mir neben anderen Diensten auch eine Zeitlang die Aufgabe der Gästebetreuung. Ich war verantwortlich für Gäste, die im Kloster übernachteten.

Eines Tages klopfte eine Frau aus Deutschland an. Sie wollte unbedingt an den Exerzitien teilnehmen. Ich lehnte ab, zweimal, dreimal, da die zuständigen Mönche in Urlaub waren. Die Frau ließ sich aber nicht abweisen, und so kam ich mit ihr ins Gespräch. Sie sagte: »Wir brauchen in Deutschland keine großen Meister, die nur für eine Woche kommen, Vorträge geben und wieder nach Hause fahren, sondern einen Lehrer, der mit uns in der Stadt lebt und uns lehrt.« Ihre Ernsthaftigkeit berührte mich. Aus Sympathie wurde Liebe, wir heirateten.

1979 verließ ich Japan, um mit meiner Frau in ihre Heimat München zu ziehen. Das Mönchsleben, was äußerste Askese und Armut verlangt, war mir schon im modernen Japan unzeitgemäß und wenig befriedigend erschienen. Ich sehnte mich nach einem normalen Leben, wollte aber gleichzeitig ein Wegübender bleiben. Meine Lehrer warnten mich, und ich wußte, daß es für das, was ich praktiziere, in Deutschland keinerlei vorgegebenen Rahmen gab, keinen Tempel, kein Kloster, keine finanzielle Unterstützung. Ich entschied mich dennoch dafür, meinem Herzen zu folgen.

Zuerst begann ich als Meditationslehrer im oberbayrischen Murnau zu arbeiten, ich lernte Deutsch. Meine Frau übte ihren Beruf als Sozialpädagogin weiter aus, wir bekamen zwei Kinder, sahen uns aber wenig. Ich reiste ins Allgäu, um dort Zazen zu praktizieren. Ich erkannte, meine Praxis war mir wichtiger als mein Familienleben, und beides vertrug sich nicht, was dazu führte, daß meine Frau sich alleingelassen fühlte. Wir trennten uns. Ende der 80er Jahre kehrte ich für zwei Jahre nach Japan zurück. Dort hatte ich einen Unfall. Ich stolperte und verletzte mir das Steißbein so unglücklich, daß ich über viele Wochen weitgehend bewegungsunfähig war. Ich war verzweifelt, denn alles, was ich bisher getan hatte, war eine Frucht des Sitzens – Zazen – gewesen, und lange Zeit war es fraglich, ob ich jemals den Rollstuhl würde verlassen können.

Erst lange später, im März 1996, wurde mir durch die Begegnung mit Eisenbuch meine Lebensaufgabe richtig deutlich. Als ich Mitte der 90er Jahre mit einem Münchner Architekten und einer anderen Baufachfrau am Eingang des ehemaligen Landgasthofes stand – wir hatten Grundstück und Haus noch nicht betreten –, schloß ich meine Augen und vernahm plötzlich meine eigene innere Stimme, die mir mit aller Deutlichkeit sagte: »Deswegen bin ich nach Deutschland gekommen. Das ist die Dharmapflicht, die ich in Deutschland leisten soll.« Ich war mir völlig sicher: Das Haus gehört zu mir. Meine Vision wurde wahr, wir haben das Gehöft umgebaut zum Zen-Zentrum Eisenbuch. Es steht seit Oktober 1996 als Ort der Begegnung und Praxis allen Menschen offen, auch als »Kloster auf Zeit«.

Manchmal werde ich gefragt: Was bringt Menschen seit 2500 Jahren dazu, dem Pfad des Buddha zu folgen, warum ist die Lehre lebendig geblieben? Die Antwort lautet: Weil dieser Weg wahr ist, weil er uns Menschen leitet. Seit einigen Jahren breitet sich der Buddhismus auch im Westen weiter aus, weil der Materialismus an seine Grenzen gestoßen ist. Durch die Denkfähigkeit des Menschen wurde sein Begehren unbegrenzt. Man glaubte an die Fortentwicklung der Technik und daß sie dem Menschen ein immer besseres Leben bescheren würde. Inzwischen sind sehr viele Menschen zwar satt, leiden aber gleichzeitig massiv unter geistiger Armut. Die Praxis leitet uns. Sie hilft uns, Gespaltenheit und Zweifel zu überwinden. Über unseren Atem kehren wir zum gegenwärtigen Augenblick zurück, werden wir wach für unser Sein. Das ist der Kern der Meditation.

Buddhismus ohne Praxis ist wie ein Kochbuch ohne Kochen. Die Lehre kann sich nur durch unser Tun immer wieder neu entfalten. Meditation hat viele Aspekte. In erster Linie geht es darum, uns selbst zu erkennen, aufzuwachen. Meditation kann Gebet sein, tiefe Anschauung, therapeutischer Verarbeitungsprozeß, Vergegenwärtigung von Weisheit. Sie ist die Realisierung von Frieden und Freude in uns selbst. Erleuchtung muß in jedem Menschen selbst geschehen, weil jeder das Zentrum des gesamten Universums ist. Das gilt für den Frieden in der Welt genauso wie für den Umweltschutz.

Der chinesische Zen-Meister Hyakujo hat einmal gesagt: »Alles, alles, Worte, Reden, Berge, Flüsse, die ganze Erde, jedes einzelne Ding, es macht alles kehrt und kommt zuletzt nur auf dich selbst zurück.« Deshalb wollen wir auf all unsere Handlungen mit Achtsamkeit schauen, denn es gibt nicht das Kleine und das Große, das Wichtige und das Unwichtige; die ganze Welt ist in uns, und wenn wir Frieden in uns schaffen, dienen wir aktiv dem Weltfrieden.

»Man sieht Leben und Tod in der Welt der Praxis des Weges, aber man praktiziert den Weg nicht in der Welt von Leben und Tod«, heißt es in den Lehren Dogen Zenjis. Das heißt: Es gibt auf der ganzen Welt nichts außerhalb der Praxis des Weges, alles ist Praxis, ob man sich die Hände wäscht, ein Konzert genießt oder auf dem Totenbett liegt. Und es heißt weiter: Man soll durch die Praxis des Weges die Würde des Lebens von Augenblick zu Augenblick verwirklichen. Und wir sind immer in dieser Würde des Lebens. Zu dieser Erkenntnis aufwachend, mit allen Lebewesen zusammen im Hier und Jetzt zu sein, das ist die Freude und der Sinn unseres Lebens.

Zusammenfassung

Zen bedeutet für den Menschen von heute, sich dem eigenen Leben in voller Selbstverantwortlichkeit zu stellen. »Den Weg studieren heißt sich selbst studieren.« Mit diesem Ziel wird die Alltags-Achtsamkeit praktiziert. Wesentlich für die Tradition der japanischen Soto-Zen-Schule ist, im konkreten Hier und Jetzt zur Erkenntnis des wahren Selbst und zum Erwachen zu kommen. Jede einzelne Erscheinung ist »symbolische Gestalt« der Gesamtheit, sowohl in räumlicher als auch in zeitlicher Dimension. Ein Staubkörnchen enthält das Universum, ein Augenblick die Ewigkeit. Unser Leben besteht aus diesem Augenblick, der mit der Ewigkeit identisch ist: »Der Geist des Alltags ist der Weg.«

11
Fred von Allmen

Der gebürtige Schweizer Fred von Allmen *erhielt Initiationen und Belehrungen von Lamas aller vier tibetischen Traditionen. Während seines sechsjährigen Asienaufenthalts folgte er* Vipassana-Retreats *bei S. N. Goenka und Anagarika Munindra. Ab 1981 verbrachte er drei Jahre im Zentrum der »Insight Meditation Society« in Barre (USA) bei Lehrern wie Joseph Goldstein, Jack Kornfield und Christopher Titmuss. Seit 1984 leitet Fred von Allmen Vipassana-Retreats und buddhistische Workshops in Europa, Indien und den USA, häufig gemeinsam mit seiner Frau Ursula Flückiger. Seine Art zu lehren schafft ein solides Basiswissen besonders für »Anfänger« in Sachen Buddhismus.*

Porträt

Bei Fred von Allmen in der Schweiz mache ich erstmals die Erfahrung eines einwöchigen Schweigeretreats – eine unvergeßliche Erfahrung, doch zuvor habe ich Gelegenheit, mit ihm persönlich zu sprechen. Er erzählt:

Mit siebzehn, achtzehn Jahren war mein Lebensgefühl um einiges bewegter und ruheloser als heute. Ich hatte ein sehr starkes Gefühl dafür, daß es vieles zu entdecken und zu erforschen gibt in diesem Leben. Ich hörte die Gedichte von Allen Ginsberg und las Jack Kerouacs *Dharma Bums*. Bei Kerouac hörte ich zum erstenmal von Meditation. Das interessierte mich zwar, schien aber in den Jahren 1959/60 wahnsinnig weit weg von dem, was in meinem Kulturkreis allgemein üblich war. Ich bin 1943 im schweizerischen Bern geboren, und die Vorstellung, nach Nepal oder Japan zu reisen, wäre damals revolutionär gewesen, auch finanziell ganz undenkbar. So trat ich zunächst in die Fußstapfen meines Vaters und machte eine Ausbildung zum Fotografen.

In den späten 60er Jahren hatte ich eine Phase, während der ich mit bewußtseinserweiternden Substanzen experimentierte. Dies hat Entscheidendes für mich bewirkt: Ich sah Aspekte der Wirklichkeit plötzlich aus einer völlig neuen Perspektive, mit einer Intensität, die ich früher allenfalls geahnt hatte. Dies stellte meine solide, aber auch kleine Welt, die ich als Fotograf eben aufzubauen begann, radikal in Frage. Es war wie ein Aufwachen. Damals reiste ich viel innerhalb Europas, war in Nord- und Westafrika gewesen. Nun fiel der Entschluß, nach Asien zu gehen, um Meditation zu lernen. Der Hippie-Trail war bereits stark befahren, und ich wußte, daß es möglich war, über Land nach Indien zu ziehen. Drei Jahre bin ich auf dieser ersten Asienreise in Indien geblieben. Später wurden es drei weitere Jahre.

Meine erste Berührung mit der buddhistischen Lehre fand 1968/69 über Bücher statt. Ich las D. T. Suzuki und Lama Govinda, bevor ich nach Indien aufbrach. Lama Govindas *Der Weg der weißen Wolken* hat mich ermutigt, in Indien, im Himalajagebiet zu suchen. Bevor ich losfuhr, las ich einen Bericht über den Dalai Lama, der seit den sechziger Jahren in Dharamsala, am Fuß des Himalaja, im Exil lebt. Fünf Monate war ich unterwegs, bevor ich Dharamsala erreichte und dort zum erstenmal mit der buddhistischen Lehre in Berührung kam. In Kabul traf ich meine Schwester, und gemeinsam fuhren wir in einem alten Volkswagenbus über Kaschmir nach Dharamsala. Dort hörte ich von tibetischen Lamas, die in den umliegenden Wäldern lebten. Es wurde gesagt, man könne von ihnen Belehrungen über Meditation erhalten, wenn man lange genug bleibe.

Damals wußte ich weder Genaues über Meditation noch über Buddhismus und hatte die Vorstellung, man säße einfach still da, denke an nichts, und auf einmal sei alles gut. Wir erreichten Dharamsala im August 1970. Das darüber gelegene Dorf McLeod Ganj liegt auf 2000 Meter, hoch über der indischen Ebene, mit den eindrucksvollen Gipfeln des Himalaya im Hintergrund. Hier leben einige tausend Exiltibeter, und hier war es auch, wo wir die ersten Belehrungen von Geshe Rabten, einem Lama der Gelugpa-Tradition, empfingen. Er fragte uns, was uns interessiere, und wir sagten: »Meditation.« Er lehrte uns eine bestimmte Form der Meditation, doch sollte es noch fast ein Jahr dauern, bis wir ungeduldigen, weisheitsbegierigen Kinder wirklich verstehen konnten, was die Lamas anzubieten hatten. Für den Zugang zur Lehre, wie sie mir damals zum erstenmal durch Geshe Rabten vermittelt wurde, ist es notwendig, daß man sich mit dem wahren Wesen des Daseins auseinandersetzt. Geshe Rabtens wichtigste Belehrungen waren die Hinweise auf die Vergänglichkeit des Daseins, die Tatsache, daß alles ständigem Wechsel unterliegt und somit nicht faßbar oder festhaltbar ist. Gleichzeitig sprach er auch von der äußerst wertvollen Situation, in der jene Menschen sich befinden, die sich ernsthaft für Dharma, die spirituelle Praxis, interessieren und versuchen, ihrem Leben einen tieferen Sinn zu geben. In der Sichtweise des Buddhismus hat unser Hiersein nur einen wirklichen Wert, wenn wir an innerer Befreiung und auch am Wohlergehen aller Lebewesen interessiert sind.

Während fünf Sommerhalbjahren lebte und lernte ich in Dharamsala, lauschte den Worten Geshe Rabtens, der immer wieder die Wichtigkeit der rechten Absicht hinter unserem Tun betonte, die Verantwortung, die wir haben, in bezug auf unser Denken, Reden und Handeln und dessen Wirkung auf uns selber und andere.

Während dieser Zeit hörte ich immer häufiger den Namen Sri S. N. Goenkas, eines Inders aus Burma, der 1970/71 nach Indien zurückgekehrt war, um 10-Tage-Kurse in *Vipassana* zu geben. 1971 besuchte ich den ersten solchen Kurs und verbrachte die Winterzeit, wenn es in den Bergen von Dharamsala zu kalt war, in Bodhgaya, um Vipassana zu praktizieren. Übersetzt heißt Vipassana: »klar sehen« bzw. »Einsicht in die wahre Natur allen Daseins«.

Vipassana-Schweigeretreats beginnen früh morgens und dauern bis zum späten Abend. Man macht abwechselnd Sitz- und Gehmeditation, unterbrochen von Eßmeditation und Arbeitsmeditation. Es ist eine anspruchsvolle, gleichzeitig aber sehr hilfreiche Methode. Bei Goenka macht man allerdings keine Gehmeditation. Man sitzt, ohne sich zu bewegen, dreimal am Tag eine Stunde lang. Den Rest der Zeit meditiert man in einer weniger strikten Form. Nach zwei 10-Tage-Kursen waren wir in der Lage, stundenlang zu meditieren.

Bei Goenka verbringt man ein Drittel der Zeit mit *Samatha*. Das ist ruhevolles Verweilen oder Konzentrationspraxis. Im anschließenden Vipassana-Teil übt man das sogenannte »Sweeping«, das heißt, man fährt mit der Achtsamkeit sorgfältig durch den ganzen Körper, von Kopf bis Fuß und wieder zurück. Dabei begegnet man allen Körperempfindungen, ob angenehm, neutral, unangenehm oder schmerzhaft, mit der gleichen Aufmerksamkeit und Gelassenheit. In Goenkas Tradition ist es sehr wichtig, daß man sich ausschließlich dieser einen Form widmet und keine anderen Meditationsmethoden daneben praktiziert. Das hat den Vorteil, daß man sich klar und eindeutig für den einen Zugang entscheidet, was besonders für Unentschlossene sehr unterstützend sein kann. Für manche von uns westlichen Schülern war dies hilfreich. Andere konnten dieser Ausschließlichkeit aber nicht soviel abgewinnen. Ich war einer von ihnen.

Während etwa vier Jahren besuchte ich zahllose Goenka-Kurse, lernte, die Körperempfindungen auf subtilstem Niveau als vergänglich, als sich ständig von Moment zu Moment wandelnd wahrzunehmen und ihnen mit mehr und mehr Gelassenheit zu begegnen. Unbeschwerte Gelassenheit bedeutet soviel wie: nichts erfassen, nichts festhalten, immer wieder loslassen und zutiefst annehmen, was der gegenwärtige Moment an Erfahrung bringt. Ich fand diese Methode sehr wirkungsvoll. Allerdings bin ich nicht jemand, der ausschließlich bei einer Person oder einer Methode bleiben möchte.

So kam es, daß ich in Bodhgaya, bei Anagarika Munindra, eine weitere Vipassana-Methode erlernte. Munindra ist ein Inder, der viele Jahre in Burma praktiziert hatte. In seinem Zugang geht es um alle vier Grundlagen der Achtsamkeit, also der Körperempfindungen, aber auch aller anderen Sinneseindrücke, der Gefühle, der Geistesfaktoren, kurz der ganzen Skala aller möglichen Erfahrungen. Ich lernte, daß es nichts gibt, das nicht unserer Aufmerksamkeit wert ist, und fand in Munindras Praxisstil eine Meditation, die sehr umfassend und vielseitig anwendbar ist, einen sehr ganzheitlichen Zugang zur Praxis.

Jeden Frühling fuhr ich aber wieder nach Dharamsala, um

mit den tibetischen Lamas zu studieren und zu praktizieren. 1975 wurde Geshe Rabten in die Schweiz eingeladen, wo er elf Jahre lang lehrte, bis zu seinem Tod 1986. So war es mir möglich, weitere Jahre unter seiner Leitung zu studieren. Zuerst am Kloster Rikon und dann im neu gegründeten Zentrum Tharpa Chöling, am Genfer See.

Die folgenden Jahre, von 1981 bis 1984, verbrachte ich im Retreat am Zentrum der »Insight Meditation Society« in Barre (Massachusetts, USA). Meine Lehrer dort waren vor allem Joseph Goldstein und Sharon Salzberg, die mit mir in Bodhgaya ebenfalls unter Goenka und Munindra studiert hatten, sowie Jack Kornfield, der einige Jahre in Thailand und Burma praktiziert hatte. Auch Christopher Titmuss und Christina Feldman waren damals wichtige Einflüsse für mich.

Ab 1984 wurde ich eingeladen, selbst Kurse zu geben. Dabei war für mich die Vipassana-Meditation immer die sehr praktische und kulturfrei vermittelbare Grundlage. Aus der tibetischen Tradition waren mir vor allem die Sichtweise und die Zugänge zum Mitgefühl und die Bodhisattva-Haltung wichtig.

Es gibt eine landläufige, aber, wie ich finde, für uns heute geradezu verhängnisvolle Unterscheidung zwischen buddhistischen Traditionen, nämlich die von Hinayana und Mahayana. Ursprünglich bezeichnete man als *Hinayana* (Kleines Fahrzeug) diejenigen, die nur für ihre eigene Erlösung praktizieren, während jene, die Befreiung vom Leiden für alle Wesen anstreben, als *Mahayana* (Großes Fahrzeug) galten.

Heute wird diese Bezeichnung, anstatt auf die individuelle Praxisstufe, generell auf verschiedene Traditionen angewandt, wodurch eine meist diskriminierende Wertung entsteht. In der Theravada-Tradition wird viel Gewicht auf das Praktizieren meditativer Versenkungsstufen von *Metta* (liebevolle Güte) und *Karuna* (Mitgefühl) gelegt. Bei den Tibetern werden entsprechende Gebete mehrmals täglich gesprochen, in der Praxis wird aber das Gewicht auf die Kontemplation der altruistischen Haltung zum Segen aller Wesen gelegt. Ich sehe oft so etwas wie »Mahayana-Arroganz«, die dadurch entsteht, daß man sich selbst als mitfühlender, altruistischer sieht und deshalb auf andere herabblickt. Das Gegenstück dazu ist die im Theravada oft vorhandene Einbildung, allein im Besitz der reinen Lehre zu sein, da alles andere eine spätere Form der Degeneration sei. Die Schwierigkeit zwischen den Traditionen ist vor allem die, daß die meisten der einen Gruppe nicht wirklich wissen, was die anderen tun.

So war es für mich jahrelang außerordentlich schwierig, mich zwischen den beiden Traditionen zu bewegen. Wenn ich nach Bodhgaya ging zu den Vipassana-Leuten, hieß es von seiten meiner tibetischen Freunde oft: »Doing a little Hinayana?« Und wenn ich dann wieder nach Dharamsala aufbrach, warnten meine Theravada-Lehrer wohlmeinend: »Mahayana very good, very good, but be careful, there is Tantra!« Und Tantra bzw. Vajrayana ist für die Theravada oft noch Inbegriff einer nicht-buddhistischen Fehllehre. Dabei gibt es in allen Traditionen so viele wertvolle Juwelen. Ich wünsche mir, daß man im westlichen Buddhismus offener ist und voneinander weiß und lernt.

In der Meditation geht es darum, zu erkennen, wie die Dinge wirklich sind. In dem Maß, wie wir uns selbst und die Menschen und Dinge um uns auf realistische, der Wirklichkeit entsprechende Weise erfahren, erkennen wir, daß nichts faßbar ist, daß alles seinen eigenen Gesetzen folgt und deshalb meist nicht kontrollierbar ist. Oft geschehen die Dinge so gar völlig in Widerspruch zu unseren Wünschen, Vorstellungen und Erwartungen. Und jedesmal, wenn unsere Wünsche, Vorstellungen und Erwartungen in Widerspruch stehen zu der Art und Weise, wie die Dinge wirklich sind, leiden wir. Wenn wir uns jedoch in Übereinstimmung mit der Realität befinden und entsprechend handeln, werden wir positive Qualitäten des Herzens und des Geistes entwickeln, die Sinn machen, die hilfreich und freudvoll für uns sind.

Der jetzige Augenblick ist der einzige Berührungspunkt mit der Wirklichkeit, den wir haben. Man könnte fragen, warum wir ihn dann so oft meiden und uns immer wieder in Vorstellungen und Konzepten verlieren. Buddha hat eine Antwort darauf gegeben. Er sagte: »Soweit ich zurücksehen kann, unzählige Leben lang, war es schon immer so. Immer schon haben wir nicht verstanden, wie die Dinge wirklich sind, immer schon lebten wir in einem Mißverhältnis zur tatsächlichen, momentanen Wirklichkeit.« Die unheilvolle Tendenz ist das, was man im Buddhismus Karma nennt. Man kann auch sagen: Es sind unsere schlechten Gewohnheiten.

Eine erschwerende, unterschwellige Rolle in der Praxis spielt bei uns westlichen Menschen oft die christliche Vorstellung von der grundlegenden Sündhaftigkeit des Menschen. Aus einem Gefühl innerer Wertlosigkeit und einem Mangel an Respekt und Wertschätzung für sich selber sehe ich viele von uns meditieren, in der unbewußten Hoffnung auf Zuwendung, in der Hoffnung, durch die Praxis unsere vermeintliche Schuld begleichen zu können. Ich denke, ein wichtiger, anfänglicher Teil der Meditation besteht für manche von uns darin, daß wir lernen müssen, uns selbst wirklich anzunehmen. In unserem Praxiszugang im Westen wird deshalb wohl auch die Liebende-Güte-Meditation *(Metta)* immer mehr an Wichtigkeit gewinnen, weil wir uns dadurch selbst heilen können.

Welche Möglichkeiten gibt es also, Metta in uns zu entwickeln? Die formale Metta-Meditation wird in meiner Tradition durch das Wiederholen folgender Sätze geübt: »Mögen alle Wesen glücklich sein, mögen alle Lebewesen gesund sein, mögen alle Lebewesen unbeschwert und in Sicherheit leben.« Dabei fangen wir bei uns selbst an: »Möge ich glücklich sein, möge ich gesund sein etc.« Dann visualisieren wir einen Menschen, dem wir uns sehr nah und auf liebevolle Weise verbunden fühlen. Wir wünschen ihm oder ihr: »Mögest du glücklich sein...« Dann denken wir an einen guten Freund, eine gute Freundin, uns die genannten Sätze ins Bewußtsein rufend, dann wenden wir uns an eine neutrale, danach an eine Person, mit der wir Schwierigkeiten haben. Und zum Schluß dehnen wir unsere liebevollen Wünsche auf alle Lebewesen aus. Wie es im *Metta-Sutta*, Buddhas Lehrrede über liebevolle Güte, heißt:

> Ob schwach oder stark,
> lang, mittel oder kurz,
> winzig oder riesig groß,
> sichtbar oder unsichtbar,
> ganz in der Nähe oder weit weg,
> geboren oder noch ungeboren:
> mögen alle Lebewesen, ohne Ausnahme,
> glücklich und froh sein.

Eine Schwierigkeit, der Metta-Meditierende oft begegnen, besteht darin, daß wir in uns das Gefühl liebevoller Zugewandtheit nicht oder nur für kurze Zeit hervorrufen können. Die Meditation dauert aber manchmal 40 Minuten oder länger. Darum ist es wichtig zu verstehen, daß Metta eine innere Haltung ist und daß wir durch unsere Worte diese Haltung immer wieder in uns aufrufen. Es ist eine Haltung der Bereitschaft, uns selbst und die anderen Lebewesen zu respektieren, wie sie sind. Manchmal kann das bedeuten, daß wirklich ein Gefühl der Liebe, der Güte, der Zuwendung emotional spürbar vorhanden ist, ein anderes Mal aber nicht. Dann kann es sein, daß wir uns einsam fühlen, nicht verbunden mit anderen. In diesem Fall ist Metta jene Haltung, die bereit ist, zu spüren, daß wir jetzt einsam sind oder uns getrennt fühlen.

Dieselbe Haltung ist auch willens, Ärger, Wut oder andere schwierige Gefühle mit einzuschließen. Thich Nhat Hanhs Aufforderung, »unsere Wut zu umarmen«, ist dabei sehr hilfreich, vorausgesetzt, wir verstehen unter »umarmen« wirklich, das Gefühl so zu lassen, wie es ist, es also anzuerkennen und zu respektieren, ohne uns aber damit zu identifizieren, ohne uns im Inhalt, im Drama zu verlieren. Meditation lehrt uns, einen inneren Raum zu schaffen, in dem wir schwierige Gefühle wie Wut haben können, ohne ihnen nachgeben zu müssen, aber auch ohne sie gleich wieder wegstecken zu müssen.

Wenn ich darauf verzichte, meine Wut dadurch zu füttern, daß ich denselben Gedanken zwanzigmal aufrufe, werde ich feststellen, daß sie gar nicht so lange dauern wird.

Eine Schwierigkeit unserer westlichen Konditionierung sehe ich in einer ausgeprägten Konsumhaltung. Es wird suggeriert, mehr, schnellere, intensivere Reize würden uns glücklich machen. Freizeitangebote werden mehr und mehr als die Erfahrung angeboten, die uns den letzten Kick vermitteln wird. Weil diese Versprechen aber an dem vorbeigehen, was wir eigentlich alle suchen, nämlich ein Stück Erfüllung, entsteht eine innere Leere. Von Spitzensportlern weiß man, daß starke Konzentration, die vielleicht über ein paar Stunden möglich ist, ein gewisses Gefühl der Erfüllung bringt, das dadurch entsteht, daß man total bei der Sache ist, ganz auf den Moment konzentriert. Es ist eine Erfahrung, die vielen Menschen seit jeher bekannt ist: Wenn wir innehalten und unsere ganze Kraft und Aufmerksamkeit sammeln, entsteht ein Gefühl der Ganzheit. Zerstreuung hebt diese Erfahrung der Ganzheit wieder auf.

Ich denke, in jedem Augenblick, wo wir tatsächlich mit unserer ganzen Aufmerksamkeit bei dem sind, was wir gerade tun, fühlen wir uns ganz. In jedem Moment aber, in dem wir von uns weg sind und etwas von außen oder innen erwarten, fühlen wir uns nicht mehr so. Dasselbe gilt für unsere Meditation. Auch hier kann man darauf warten, daß endlich das Richtige geschieht. Aber in jedem Moment, wo es uns gelingt, uns ganz der Sache hinzugeben, fühlen wir uns ganz. Meist holt uns dann irgendwann die Gewohnheit wieder ein und läßt uns denken: »Ach, was ist das schon, das ist nicht gut genug...«, und schon fühlen wir uns wieder getrennt und unerfüllt.

Was uns wirklich hilft, ist, das Leben zur Praxis zu machen. Dies kann bedeuten:
- Tägliches Meditieren. Wir sitzen für eine vorbestimmte Periode, was immer auch unsere Erfahrung dabei sein mag.
- Auch Gehmeditation ist hilfreich. Sie kann zum Beispiel auf dem täglichen Weg zum Bus geübt werden oder auf der Treppe unseres Hauses, die wir täglich mehrmals hinauf- und hinuntergehen. Wichtig ist, daß wir dabei wirklich achtsam sind.
- Es hilft, während des Tages Situationen zu schaffen, die für uns wie Inseln des Innehaltens sind. Eine solche kann zum Beispiel das achtsame Essen eines Apfels sein. Eine andere läßt sich schaffen, wenn wir auf die Toilette gehen; auch hier läßt sich Achtsamkeit üben.
- Ganz wichtig ist es für uns Westliche, sich genügend fundiertes Wissen anzueignen, um eine klare Vorstellung zu schaffen von unserem spezifischen spirituellen Weg und den Zugängen und Mitteln, die uns dabei zur Verfügung stehen. Bücher, Tonbänder von Dharma-Vorträgen und ähnliches können uns da von Nutzen sein. Dieses Erarbeiten einer klaren Verständnisgrundlage ist nicht zu verwechseln mit einem Beschnuppern oder Durchlesen zufällig ausgewählter »esoterischer« Literatur, von Aura-Therapie bis Zen-Kochen.
- Es lohnt sich auch, sich regelmäßig in einer Meditationsgruppe *(Sangha)* zu treffen, um gemeinsam zu praktizieren. Bereits durch unser Hingehen machen wir eine Aussage über die Wichtigkeit und den Stellenwert der spirituellen Praxis in unserem Leben. Dadurch können wir uns gegenseitig unterstützen.

– Man kann eine Alltagspraxiswoche organisieren, während der eine Gruppe von Meditierenden für sieben Abende zusammenkommt und sich darüber austauscht, wie jeder während des Tages praktiziert hat. Praxisthemen können Achtsamkeit, liebende Güte (Metta), rechtes Reden (Kommunikation) oder ähnliches sein. Durch diesen Austausch können essentielle Lebensfragen aufs Tapet gebracht werden. Und wir stellen uns immer wieder neu die Frage nach dem, was uns am wichtigsten ist im Leben.

Wenn wir in der Gegenwart leben möchten, ist es nötig, etwas loszulassen; und zwar ist es dieses ewige innere Produzieren der eigenen Welt und das damit einhergehende Gefühl: »Ah, ich bin hier, und da ist meine Welt; und … hier bin ich, und da ist meine Welt; und … hier bin ich, und da ist meine Welt …« Gewohnheitsmäßig tun wir dies den ganzen Tag über: uns immer wieder klarmachen, wer wir sind, wo wir sind, was zu tun ist, um uns das Gefühl zu geben, daß alles unter Kontrolle ist und daß wir solide Wesen in einer soliden Welt sind. Genau diesen ständigen inneren Dialog, dieses innere Erzählen über uns selbst, müssen wir loslassen. Unser Zustand fühlt sich dann etwas unsicherer und verletzlicher an, ist es aber nicht wirklich. Wenn wir uns selbst immer wieder auffordern, aktiv loszulassen, wird es uns leichter fallen, im Hier und Jetzt zu sein und zu bleiben, dem einzigen Ort, an dem unser Leben wirklich stattfindet.

Wir können uns fragen: Was ist es, das ich aufgebe, und was ist es, das ich gewinne? Die Tatsache, daß wir uns in unablässigen Monologen ständig die Welt erzählen, bringt viel weniger, als wir glauben. Das meiste besteht aus Erwartungen, Ängsten und leeren Versprechungen. Und oft gerade dann, wenn etwas davon Wirklichkeit wird, erzählen wir uns, wie schön es wäre, etwas anderes zu haben, etwas anderes zu sein etc. So ist es also etwas, das wir eigentlich gar nicht haben, das wir aufgeben müssen. Erst dann finden wir die Freiheit und

Fähigkeit, so auf die Situationen des Lebens zu reagieren, wie wir das eigentlich möchten. Erst dann haben wir – immer wieder von neuem – die Gelegenheit, uns zu entscheiden, ob wir in uns Leiden schaffen möchten oder es sein lassen.

Wir können wählen zwischen unserer alten Gewohnheit, uns und andere ständig zu kritisieren und zu kommentieren oder uns und den anderen beispielsweise innerlich zu wünschen: »Mögest du glücklich sein, mögest du frei sein, mögest du unbeschwert leben«, sei es in der U-Bahn, bei der Arbeit oder in unserer Partnerschaft. Wir können beobachten, was solche Sätze sowohl in uns als auch bei anderen auslösen.

In der buddhistischen Praxis geht es darum, zu erkennen, wer wir wirklich sind, zu sehen, wie und auf welche Weise wir uns selber wahrnehmen und erfassen. Wir tun das sehr oft über ein starkes Ich-Gefühl, mit dem wir uns identifizieren. Das ist eine innere Bewegung, durch die wir uns von anderen isolieren. Wir denken: »Ich und die Welt« oder »Ich und mein Körper« oder: »Ich und meine Gefühle«, und dann identifizieren wir uns mit den Gedanken und Gefühlsprozessen, die scheinbar hinter alldem stehen, als wären sie ein Zeuge, ein Beobachter, der das alles wahrnimmt. Um in unserer Praxis diesen Sachverhalt klar zu erkennen und zu durchschauen, müssen wir nicht von einer denkenden oder intellektuellen Warte, sondern von einer Warte der inneren Stille beobachten, wie sich die Dinge wirklich verhalten.

Wenn wir das tun, werden wir feststellen, daß wir einer großen Sinfonie gleichen, die von verschiedenen Instrumenten gespielt wird. Niemand würde versuchen, beispielsweise in Beethovens Fünfter Sinfonie etwas zu finden, was die fünfte Sinfonie an sich ist. Es wäre absurd zu fragen, ob es die Oboe oder die zweite Geige sei oder ob gar Beethoven selbst die Fünfte Sinfonie sei. Auf dieselbe Weise sind wir das, was wir sind, mit einem Körper, all den Gefühlen, den Fähigkeiten, wahrzunehmen und zu handeln, einem Bewußtsein, aber ohne daß da noch eine isoliert bestehende Ichheit irgendwo dahinter wäre.

Warum ist es nun so wichtig, dies zu erkennen? Durch unsere Gewohnheit des Erfassens und Identifizierens mit einem Selbst, welches auf diese Art und Weise gar nicht existiert, schaffen wir uns enorm viel Leiden. Wie können wir es vermeiden? Indem wir erforschen, was wirklich ist. Es ist durch diesen Prozeß der Erkenntnis, daß wir die Freiheit entdecken.

Der Buddhismus ist eine dynamische Sichtweise der Dinge, die in erstaunlichem Einklang steht mit der heutigen wissenschaftlichen Sichtweise des Universums. Es gibt aber etwas, das wir als »Bewußtheit« oder »Geist« bezeichnen können, das alles mit einschließt, was nicht körperlich ist. Es gibt so etwas wie einen Fluß des Unterbewußten, der unsere spezifischen Eigenheiten, wie zum Beispiel unsere Gewohnheiten, mit sich trägt. Die Qualitäten, die wir als Menschen entwickeln, werden sich auch weiterhin im Universum manifestieren. Ich persönlich nehme das Gewicht etwas vom Wiedergeburtsaspekt weg. Für manche Praktizierende bewirkt dieses Dogma ziemliche Dramen, wenn man verlangt, daß sie es glauben müssen, wie man das eben in den meisten buddhistischen Schulen tut.

Ich lasse diesen Aspekt lieber offen und halte mich an Buddhas Antwort, als er gefragt wurde, ob es ein Leben nach diesem Leben gebe. Er fragte zurück: »Wie würdest du leben, wenn es eines gäbe?« Und der andere antwortete: »Ich würde versuchen, weise, liebevoll, großzügig zu leben, weil sich das für mein nächstes Leben positiv auswirken würde.« Daraufhin fragte der Buddha: »Wie würdest du leben, wenn du wüßtest, daß der Tod der Schlußpunkt deines Lebens ist?« Darauf antwortete der andere: »Wenn dies das einzige Leben wäre, das mir zur Verfügung steht, dann würde ich es am liebsten weise, liebevoll und großzügig verbringen, weil es ja das einzige ist, was ich habe.« Die Antwort ist also dieselbe. Ich denke, wenn wir wirklich verstehen, was uns und andere glücklich macht, dann werden wir auf heilsame, verantwortungsvolle und positive Weise leben wollen, egal, ob es nun ein nächstes Leben gibt oder nicht. Wie wir unser Leben jetzt, heute, leben, das ist es, was wirklich zählt.

Zusammenfassung

Vipassana, die Erkenntnis- oder Einsichts-Meditation, ist ein einfacher und direkter Weg zur Erforschung von Körper, Geist und Herz, der zu vertiefter Einsicht in das Wesen der Wirklichkeit führt. Bewußtes, zentriertes Gewahrsein von Moment zu Moment erlaubt uns, alle Aspekte des Lebens mit zunehmender Sensibilität, Ausgeglichenheit und Fülle zu erleben, die wahre Natur aller Dinge zu erkennen und innere Freiheit zu entdecken. *Metta*-Meditation entfaltet die Kräfte der Liebe und des Mitgefühls. Wir entwickeln dabei eine Haltung von Offenheit und Respekt in der Beziehung zu uns selbst und gegenüber anderen. Im Vipassana übt man kontinuierliches Gewahrsein durch Meditation im Sitzen, im Gehen und in allen Aktivitäten. Mit Ausnahme von Anleitungen, Vorträgen und Einzel- oder Gruppengesprächen mit den Lehrenden finden alle Retreats in vollständigem Schweigen statt.

Anhang

Glossar buddhistischer Begriffe

Ashram: Zentrum zur Übung geistiger Konzentration in Indien.
Bardo: Zwischenzustand – vor allem zwischen Tod und Wiedergeburt.
Bhikku: »Bettler«; ordinierter buddhistischer Mönch.
Bodhisattva: 1. ein Wesen, das sich dem Pfad des Erwachens verpflichtet hat; 2. ein zukünftiger Buddha; 3. ein erleuchtetes Buddha-Wesen, das allen Wesen dient.
Dharma: die höchste Wahrheit, Wirklichkeit und universelles Gesetz; 2. die Lehren des Buddha, die diese Wahrheit darlegen; 3. alle physischen und mentalen Elemente.
Dzogchen: vom tibetischen »Dzog-pa chen-po«, die große Vollendung. Eine Weisheitstradition, die vorwiegend in der ältesten tibetischen Schule der *Nyingmapas* praktiziert wird.
Gelug: die letzte der vier Hauptlinien des tibetischen Buddhismus. Diese reformierte, von Tsongkhapa gegründete Schule legt besonderes Gewicht auf das Studium der Schriften und auf die klösterliche Tradition.
Hinayana: »Kleines Fahrzeug«. Hier steht die eigene Befreiung im Mittelpunkt.
Jhana: tiefe, konzentrative Versenkungsstufen der *Samatha*-Meditation.
Kagyü-Linie: die Yogi-Übertragung innerhalb der vier Hauptschulen des tibetischen Buddhismus. Da sie sehr

praxisorientiert ist, wird sie die »mündliche« oder die »vervollkommnende« Schule genannt. Sie wurde durch Marpa 1050 nach Tibet gebracht und schöpft ihre Kraft aus einer engen Lehrer-Schüler-Verbindung.

Karma: das Gesetz von Ursache und Wirkung, nach dem wir die Welt entsprechend der im Geist gespeicherten Eindrücke erleben, die wir mit köperlichen, verbalen und geistigen Handlungen schaffen. Das bedeutet, daß wir mit unseren Handlungen hier und jetzt unsere eigene Zukunft bestimmen können.

Karuna: heilende Hinwendung, Mitgefühl.

Konfuzianismus: die durch Konfutse gegründete Staats- und Sozialordnung Chinas.

Lama: ein tibetischer spiritueller Lehrer, Meister oder Weiser.

Lojong: Die »Sieben Punkte des Geistestrainings« werden im tibetischen Buddhismus als wichtigste und bedeutungsvollste Einzelunterweisung angesehen.

Mahamudra: 1. das universelle erwachte Bewußtsein; 2. Praxisformen, die zum Erwachen führen.

Maha Sandhi: siehe *Dzogchen*.

Mahayana: »Großes Fahrzeug«. Traditionen des nördlichen Buddhismus, in denen das *Bodhisattva*-Ideal, zum Wohl aller Wesen Erleuchtung zu erlangen, stark betont wird. Grundlage ist die Entwicklung von Mitgefühl und überpersönlicher Weisheit.

Mantra: heilige Formel.

Metta: liebende Güte.

Ngöndro: »vorbereitende Übungen«. Sie entfernen die Ursache für künftiges Leiden. Sie wurden vom 9. Karmapa als Vorbereitung für *Mahamudra* zusammengestellt und sind fester Bestandteil der Praxis in der *Kagyü*-Tradition des Diamantwegs.

Nyingma: die früheste der vier Hauptlinien des tibetischen Buddhismus.

Phowa: »Wechsel des Ortes«. Technik, um das Bewußtsein im

Moment des Todes willentlich in ein reines Buddhaland zu transferieren.

Prajña: Weisheit.

Praxis: das fortwährende Kultivieren positiver Geistes- und Herzensqualitäten. Bezieht sich im engeren Sinn auf die formelle Übung der Meditation, im weitesten auf die Umsetzung der Lehre in unserem gesamten Leben.

Reines Land: das Bewußtseinsfeld eines Buddha. Es wird als fortdauerndes, segensreiches Wachstum in einem Palast aus Energie und Licht erlebt.

Rinpoche: »kostbarer Meister«. Ehrentitel für hochgestellte Lamas oder Gelehrte.

Rinzai: eine Richtung des Zen, gegründet von Lin Chi, in der Koans und starke Zielstrebigkeit eingesetzt werden, um Verwirklichung zu erlangen.

Roshi: Zen-Meister.

Samatha: Ruhen des Geistes auf einem Punkt.

Sangha: 1. spirituelle Gemeinschaft; 2. die ordinierte Gemeinschaft von Nonnen und Mönchen.

Sesshin: mehrere Tage dauerndes intensives Zazen-Training mit Geh- und Eßmeditation sowie Unterweisungen.

Shintoismus: japanische Naturreligion mit Verehrung der Naturkräfte und Ahnenkult.

Sila: »Sittenregel«; vom Buddha erteilte Empfehlungen für den Lebenswandel.

Soto: japanische Richtung des Zen, die das »Nur-Sitzen« ohne Ziel betont, das Erwachen zu unserer wahren Natur in diesem Augenblick.

Tantra: buddhistische und hinduistische Tradition der Praxis, mit der die Energie der Leidenschaft und Aggression direkt in spirituelles Erwachen verwandelt wird.

Thangka: Bild, das der visuellen Vergegenwärtigung der buddhistischen Lehre (zum Beispiel das »Rad des Lebens«) oder der Darstellung der Vorgeburtsreihen des Buddha sowie als Gedächtnisstütze bei Visualisierungen dient.

Theravada-Buddhismus: die buddhistische Tradition der »Alten«; die Richtung des Buddhismus, die heute noch in Indien und Südostasien praktiziert wird.

Tonglen: »Nehmen und Geben«. Praxis, bei der man alle Schwierigkeiten und alles negative Karma anderer Menschen auf sich nimmt und ihnen dafür das eigene Glück, den eigenen Verdienst und Besitz gibt.

Tulku: einer, der sich bewußt zum Wohl der Lebewesen wiedergebären läßt. Er zeigt sich, um den Wesen Zugang zu ihrer Buddhanatur zu ermöglichen. Es gibt Tulkus, die sich an frühere Leben erinnern, und solche, die sich nicht daran erinnern. »Tulku« (tibetisch) bedeutet »Illusionskörper«.

Vipassana: Einsichtsmeditation; die meditative Praxis der achtsamen Aufmerksamkeit.

Vajrayana: (»Diamantfahrzeug«) meint die tantrische Tradition des tibetischen Buddhismus.

Yogi, Yogini: jemand, der sich einer spirituellen Übung oder Praxis unterwirft.

Wurzelguru: der Hauptlehrer. Vor allem in der tantrischen Form des tibetischen Buddhismus.

Zazen: Meditation mit gekreuzten Beinen; stilles Sitzen.

Adressen

Fred von Allmen:
> Dhamma Gruppe Schweiz
> Buddhistische Meditationskurse
> Postfach 5909
> CH - 3001 Bern
> Schweiz

Richard Baker Roshi:
> Buddhistisches Studienzentrum im Johanneshof
> Quellenweg 4
> D-79737 Herrischried-Großherrischwand
> Tel.: 0 77 64 / 2 26
> Fax: 0 77 64 / 66 14
>
> Crestone Mountain Zen Center
> PO Box 130
> Crestone, CO 81131
> Colorado/USA
> Tel.: 001 / 719 / 256 46 92
> Fax: 001 / 719 / 256 46 12

Fumon Nakagawa Roshi:
>Zen-Zentrum Daihizan Fumonji
>Eisenbuch 7
>D-84567 Erlbach
>Tel.: 0 86 70 / 98 68 20
>Fax: 0 86 70 / 98 68 21

Ayya Khema (Nachfolger: Nyanabodhi):
>Buddha-Haus
>Meditations- und Studienzentrum e.V.
>Uttenbühl 5
>D-87466 Oy-Mittelberg
>Tel.: 0 83 76 / 5 02
>Fax: 0 83 76 / 5 92

Jack Kornfield:
>Spirit Rock Center
>PO Box 909
>Woodacre, CA 94973
>Tel.: 001 / 415 / 488 95 58-0
>Fax: 001 / 415 / 488 01 70

Lama Ole Nydahl:
>KKD e.V.
>c/o Haus Schwarzenberg
>Hinterschwarzenberg 8
>D-87466 Oy-Mittelberg
>Fax: 0 83 66 / 98 38 18

Thich Nhat Hanh und Chân Không:
>Plum Village
>Meyrac
>F-47120 Loubès Bernac
>Tel.: 00 33 / 5 53 94 75 40
>Fax: 00 33 / 5 53 94 75 90

Kontaktadresse in Deutschland:
Gemeinschaft für achtsames Leben e.V.
Postfach 60
D-83730 Fischbachau
Tel.: 0 80 28 / 92 81
Fax: 0 80 28 / 21 20

Kontaktadresse für die Schweiz:
Haus Tao
Meditationszentrum
Hinterlochen
CH-9427 Wolfhalden
Schweiz
Tel.: 00 41 / 71 / 888 35 39
Fax: 00 41 / 71 / 44 41 83

Auswahlbibliographie

Allmen, Fred von, *Die Freiheit entdecken. Vipassana Meditation im Westen*, Theseus Verlag, Berlin 1990.

Allmen, Fred von, *Mit Buddhas Augen sehen. Buddhistische Meditation und Praxis*, Theseus Verlag, Berlin 1997.

Baker Roshi, Richard, *Original Mind. The Practice of Zen in the West*. Putnam, New York, Frühjahr 1999.

Bechert Heinz / Gombrich Richard (Hrsg.), *Der Buddhismus. Geschichte und Gegenwart*, Verlag C.H.Beck, München 1995.

Chân Không, *Aus Liebe zu allen Wesen*, Theseus Verlag, Berlin 1995.

Dalai Lama, *Das Buch der Freiheit. Die Autobiographie des Friedensnobelpreisträgers*, Gustav Lübbe Verlag, Bergisch Gladbach 1990.

Dalai Lama, *Mein Leben und mein Volk. Die Tragödie Tibets*, Droemersche Verlagsanstalt, München 1962 (Neuauflage 1992).

Karma Lekshe Tsomo, *Töchter des Buddha. Leben und Alltag spiritueller Frauen im Buddhismus heute*, Diederichs Verlag, München 1991.

Khema, Ayya, *Buddha ohne Geheimnis. Die Lehre für den Alltag*, Theseus Verlag, Berlin, 7. Aufl. 1996.

Khema, Ayya, *Das Geheimnis von Leben und Tod. Das Wesen der Buddha-Lehre aus weiblicher Sicht*, Goldmann Verlag, München 1997.

Khema, Ayya, *Ich schenke euch mein Leben. Die Lebensgeschichte einer deutschen Buddhistin*, O. W. Barth Verlag (Scherz), München 1997.

Khema, Ayya, *Komm und sieh selbst. Die Lehre des Erhabenen ist dargelegt und sichtbar. 12 Lehrreden des Buddha*, Jhana-Verlag, Uttenbühl 1994.

Khema, Ayya, *Liebe ohne Geheimnis. Herzensläuterung durch die Lehre des Buddha*, Buddhahaus 1996.

Khema, Ayya, *Meditation ohne Geheimnis*, Theseus Verlag, Berlin, 4. Auflage 1996.

Khema, Ayya, *Ohne mich ist das Leben ganz einfach. Der Weg des Buddha zur vollkommenen Freiheit*, Aurum Verlag, Braunschweig, 2. Aufl. 1996.

Khema, Ayya, *Sei dir selbst eine Insel*, Theseus Verlag, Berlin, 5. Auflage 1997.

(Auch zahlreiche Tonkassetten und Videos mit Vorträgen Ayya Khemas sind erhältlich.)

Kornfield, Jack, *Buddhas kleines Weisungsbuch*, Droemersche Verlagsanstalt, München 1994.

Kornfield, Jack, *Frag den Buddha und geh den Weg des Herzens*, Kösel Verlag, München 1995.

Kornfield, Jack, *Geh den Weg des Herzens. Meditationen für den Alltag*, Kösel Verlag, München 1997.

Kornfield, Jack, *Geschichten des Herzens* (hrsg. mit Christine Feldman), Arbor Verlag, Freiamt 1997.

Kornfield, Jack, *Die Lehren Buddhas*, Droemersche Verlagsanstalt, München 1996.

Longaker, Christine, *Dem Tod begegnen und Hoffnung finden*, Piper Verlag, München 1997.

Nakagawa, Fumon S., *Zen – weil wir Menschen sind*, Theseus Verlag, Berlin 1997.

Nydahl, Ole, *Die Buddhas vom Dach der Welt. Mein Weg zu den Lamas*, Marpa Verlag, Wien 1995.

Nydahl, Ole, *Ngöndro. Die Vorbereitung auf den Mahamudra-Weg*, Marpa Verlag, Wien 1995.

Nydahl, Ole, *Über alle Grenzen. Wie die Buddhas in den Westen kamen*, Joy Verlag, Sulzberg 1994.

Nydahl, Ole, *Wie die Dinge sind. Eine zeitgemäße Einführung in die Lehre Buddhas*, Joy Verlag, Sulzberg 1994.

Ringu Tulku, *Das Juwel des Drachen. Märchen aus Tibet*, Theseus Verlag, Berlin 1998.

Ringu Tulku, *Pu-Tschungs Abenteuer in Tibet*, Arbor Verlag, Freiamt 1997.

Thich Nhat Hanh, *Alter Pfad – weiße Wolken. Leben und Werk des Gautama Buddha*, Theseus Verlag, Berlin 1992.

Thich Nhat Hanh, *Aus der Tiefe des Verstehens die Liebe berühren*, Theseus Verlag, Berlin 1996.

Thich Nhat Hanh, *Die fünf Pfeiler der Weisheit. Der buddhistische Weg zu einem mitfühlenden und erfüllten Leben des westlichen Menschen*, O.W. Barth Verlag (Scherz), München 1995.

Thich Nhat Hanh, *Ich pflanze ein Lächeln*, Goldmann Verlag, München 1992.

Thich Nhat Hanh, *Innerer Friede – äußerer Friede*, Theseus Verlag, Berlin 1996.

Thich Nhat Hanh, *Lebendiger Buddha, lebendiger Christus. Die gemeinsamen Wurzeln von Buddhismus und Christentum*, Goldmann Verlag, München 1996.

Thich Nhat Hanh, *Das Sutra des bewußten Atmens*, Theseus Verlag, Berlin 1989.

Thich Nhat Hanh, *Umarme deine Wut. Sutra der vier Verankerungen der Achtsamkeit*, Theseus Verlag, Berlin, 5. Aufl. 1997.

(Zahlreiche weitere Bücher sowie Tonkassetten von Thich Nhat Hanh sind erhältlich.)

Bildnachweis

Thich Nhat Hanh: Goldmann, München
Chân Không: Privatarchiv
Ayya Khema: Buddha-Haus, Oy-Mittelberg
Lama Ole Nydahl: Privatarchiv
Christine Longaker: Marcia Rollins/Piper, München
Ringu Tulku Rinpoche: Johanna Lamby, München
Jack Kornfield: Privatarchiv
Claude AnShin Thomas: Tobias Klutke, Berlin
Richard Baker Roshi: Christian Becker, Wiesbaden
S. H. der 14. Dalai Lama: Tibetisches Zentrum, Hamburg
Fumon Nakagawa Roshi: Privatarchiv
Fred von Allmen: Reinhard Görner, Berlin

GOLDMANN

Der wunderbare Weg

M. Scott Peck,
Der wunderbare Weg   13220

Deepak Chopra,
Der Weg des Zauberers   13213

Khalil Gibran,
Der Wanderer   13212

M. Scott Peck, Weiter auf dem
wunderbaren Weg   13211

Goldmann • Der Taschenbuch-Verlag